AF275163

GRACIAS POR CONFIAR EN COLEX

Disfrute gratuitamente **DURANTE UN AÑO** de los eBook, audiolibros y Colex Copilot de las obras de Editorial Colex*

ACTIVA TU CÓDIGO PARA ACCEDER A LOS SERVICIOS

1. Accede a **www.colex.es**.

2. Inicia sesión o regístrate como usuario.

3. Dirígete al menú de usuario y haz clic en **«Mis códigos»**.

4. Introduce el siguiente código **(RASCA PARA VER EL CÓDIGO)**:

♦ Una vez se valide el código, aparecerá una ventana de confirmación y su eBook / audiolibro / Colex copilot estarán activos **durante 1 año desde su activación** en la pestaña «Mis libros» en el menú de usuario.

* Los audiolibros están disponibles en las ediciones más recientes de nuestras obras. Se excluyen expresamente las colecciones «Códigos comentados», «Biblioteca digital» y los productos de www.vademecumlegal.es. Colex Copilot únicamente está disponible en las ediciones más recientes de las colecciones «Paso a paso» y «Vademecum».

No se admitirá la devolución si el código promocional ha sido manipulado y/o utilizado.

¡Gracias por confiar en nosotros!

La obra que acaba de adquirir incluye de forma gratuita la versión electrónica.

Acceda a nuestra página web para aprovechar todas las funcionalidades de las que dispone en nuestro lector.

Funcionalidades eBook

Acceso desde cualquier dispositivo con conexión a internet

Idéntica visualización a la edición de papel

Navegación intuitiva

Tamaño del texto adaptable

Síguenos en:

NUEVA FUNCIONALIDAD CON INTELIGENCIA ARTIFICIAL EN LOS LIBROS DE COLEX

| Una cortesía de Iberley.es |

En Colex damos un paso más en innovación jurídica. Desde ahora, las guías «Paso a paso» y los «Vademecum» incorporan una nueva funcionalidad basada en **inteligencia artificial**, gracias a la tecnología de **Iberley IA**.

El lector podrá interactuar directamente con el contenido del libro de forma inmediata, útil y centrada exclusivamente en su materia.

☑ **¿Qué puede hacer el usuario en el libro?**

💬 Realizar preguntas sobre el contenido del libro.

📦 Solicitar explicaciones de artículos, conceptos o normativa.

☀ Utilizar un ChatBot inteligente, contextualizado y acoplado al contenido legal del libro.

💡 Resolver dudas puntuales mientras se estudia o trabaja con la obra.

☒ **¿Qué no puede hacer esta versión del ChatBot?**

✗ No permite generar escritos jurídicos.

✗ No analiza ni responde documentos externos.

✗ No responde a consultas de otras materias distintas a la del libro.

Esta herramienta está pensada para enriquecer la experiencia de lectura y consulta del libro. Su uso es exclusivo sobre su contenido.

¿QUIERES IR MÁS ALLÁ? DESCUBRE IBERLEY IA

Si necesitas una **solución avanzada de inteligencia legal**, con cobertura total de materias y documentos, entra en **www.iberley.es** y accede a todas las funcionalidades profesionales:

CUADRO SIMBÓLICO DE FUNCIONALIDADES		
Funcionalidad	**En los libros Colex**	**En Iberley.es**
Preguntar sobre el contenido del libro	✓	✓
Solicitar explicaciones jurídicas	✓	✓
ChatBot integrado al contenido del libro	✓	✓
Consultas sobre otras materias	X	✓
Análisis de documentos externos	X	✓
Generación de escritos jurídicos	X	✓
Traducción jurídica	X	✓
Informes y resúmenes legales automáticos	X	✓
Contratos, guías prácticas y emails para clientes	X	✓
Estrategias judiciales y jurisprudencia instantánea	X	✓

CUSTODIA DE MENORES POR ABUELOS

Análisis de los supuestos excepcionales
de guarda y custodia de menores por
parte de abuelos u otros parientes

CUSTODIA DE MENORES POR ABUELOS

Análisis de los supuestos excepcionales de guarda y custodia de menores por parte de abuelos u otros parientes

2.ª EDICIÓN 2025

Obra realizada por el Departamento de Documentación de Iberley

COLEX 2025

© Editorial Colex, S.L.
Calle Costa Rica, número 5, 3º B (local comercial)
A Coruña, C.P. 15004
info@colex.es
www.colex.es

I.S.B.N.: 979-13-7011-216-5
Depósito legal: C 1282-2025

SUMARIO

ANEXO.
FORMULARIOS

1.
LA GUARDA Y CUSTODIA DE MENORES

¿En qué consiste la guarda y custodia?

La figura de la guarda y custodia se encuentra un tanto desdibujada, toda vez que aparece regulada en el artículo 92 del Código Civil en el cual se regula también la «patria potestad», y es que ambas figuras están inexorablemente unidas. Pese a la vinculación estrecha entre ambas, suponen instituciones diferentes y en su virtud comprenden facultades diversas. La institución de la **patria potestad** supone un conjunto de derechos y deberes enumerados por el artículo 154 del CC de los progenitores respecto de sus hijos menores no emancipados, tales como alimentarlos, educarlos o representarlos (por lo tanto, constituyen las decisiones de más enjundia y calado en la vida del menor, lo que supone que generalmente se ejerza por los dos y son ambos progenitores los que deben consensuar esa toma de decisiones —por ejemplo, elección de centro educativo, modelo de educación, intervenciones quirúrgicas o tratamientos médicos a los que deba someterse el menor, etcétera—).

Ante la ruptura de la unidad convivencial y atendiendo a las circunstancias concurrentes en el preciso supuesto, siempre velando por el interés superior del menor, nos podemos encontrar ante tres sistemas o modelos de guarda y custodia:

- Guarda y custodia atribuida a un solo progenitor.
- Guarda y custodia compartida por ambos progenitores.
- Guarda y custodia encomendada a abuelos, parientes u otras personas que así lo consintieren y, de no haberlos, a una institución idónea.

Así, el superior interés del menor, en unión a las circunstancias concurrentes, determinará como idóneo en cada caso un régimen u otro, para lo cual habrá de estarse al supuesto concreto, tal y como ha afirmado nuestra jurisprudencia que, por su interés, reproducimos a continuación.

JURISPRUDENCIA

Sentencia del Tribunal Supremo n.º 705/2021, de 19 de octubre, ECLI:ES:TS:2021:3863

«El interés superior del menor es la consideración primordial a la que deben atender todas las medidas concernientes a los menores "que tomen las instituciones públicas o privadas de bienestar social, los tribunales, las autoridades administrativas o los órganos legislativos", según el art. 3.1 de la Convención sobre los derechos del niño ratificada por España mediante instrumento de 30 de noviembre de 1990 (SSTC 178/2020, de 14 de diciembre de 2020, FJ 3, y 64/2019, de 9 de mayo, FJ 4, entre las más recientes). Como dice la STC 178/2020, para valorar qué es lo que resulta más beneficioso para el menor, ha de atenderse especialmente a las circunstancias concretas del caso, pues no hay dos supuestos iguales, ni puede establecerse un criterio apriorístico sobre cuál sea su mayor beneficio, de modo que el tribunal debe realizar la ponderación de cuál sea el interés superior del menor en cada caso, ofreciendo una motivación reforzada sustentada en su mayor beneficio y con pleno respeto a sus derechos».

Sentencia del Tribunal Constitucional n.º 178/2020, de 14 de diciembre, ECLI:ES:TC:2020:178

«Pues bien, para valorar qué es lo que resulta más beneficioso para el menor, ha de atenderse especialmente a las circunstancias concretas del caso, pues no hay dos supuestos iguales, ni puede establecerse un criterio apriorístico sobre cuál sea su mayor beneficio. Por lo demás, casi huelga advertir que no es este tribunal "un cauce destinado para asegurar el acierto judicial en la interpretación y aplicación de la legalidad ordinaria, o en la valoración de los hechos que las partes en litigio someten a su conocimiento y examen, pues, a salvo la manifiesta y grosera irrazonabilidad, arbitrariedad o yerro de la resolución judicial impugnada, esa interpretación y valoración es competencia de la jurisdicción ordinaria, a la que la Ley ha atribuido también en exclusiva la ponderación de cuál sea el interés superior del menor en cada caso, [...]. Una interpretación y ponderación de intereses que este tribunal difícilmente podrá revisar, no solo por su lejanía y falta de inmediatez respecto de las circunstancias del caso, que le vienen dadas como hechos que no puede revisar, sino también por no ser su función la propia de una tercera instancia llamada a revisar lo decidido por los órganos judiciales ordinarios (SSTC 198/2000, 203/2000, y 256/2000; AATC 141/2000, 234/2000, 237/2000, y 28/2001, de 1 de febrero, FJ 4, entre otras)".

La decisión de cuál sea en cada caso el interés superior del menor corresponde tomarla a los jueces y tribunales ordinarios, aunque es de nuestra incumbencia examinar si la motivación ofrecida por los mismos para adoptar cuantas medidas conciernen a los menores, está sustentada en su mayor beneficio y así comprobar que no se han lesionado sus derechos fundamentales (STC 221/2002, FJ 4, y ATC 28/2001, de 1 de febrero). (...)

(...)

(...) el principio del interés superior del menor debe inspirar y regir toda la actuación jurisdiccional que se desarrolla en los procesos de familia y que, por la prevalencia de este principio constitucional de tuición sobre las normas procesales, la tramitación de dichos procesos debe estar presidida por un criterio de flexibilidad procedimental (STC 65/2016, de 11 de abril), quedando ampliadas la facultades del juez en garantía del interés que ha de ser tutelado (STC 4/2001, de 15 de enero, FJ 4). Ello significa que, dada la extraordinaria importancia que reviste la materia, se debe ofrecer una amplia ocasión para realizar alegaciones a quienes ostentan intereses legítimos en la decisión a tomar, así como para aportar documentos y todo tipo de justificaciones atendiendo a un menor rigor formal y a la exclusión de la preclusión, porque lo trascendental en ellos es su resultado (STC 187/1996, de 25 de noviembre, FJ

2). (…) Dicho de otro modo, en atención al papel que tiene encomendado el principio constitucionalmente impuesto a todos los poderes públicos de proveer a la protección del menor, no cabe duda de que su aplicación prima sobre la de cualquier norma procesal relativa a una posible preclusión o extemporaneidad de las pretensiones (…)».

Sentencia del Tribunal Constitucional n.º 185/2012, de 17 de octubre, ECLI:ES:TC:2012:185

«Como hemos tenido ocasión de señalar en materia de relaciones paterno-filiales (entre las que se encuentran las relativas al régimen de guarda y custodia de los menores), el criterio que ha de presidir la decisión judicial, a la vista de las circunstancias concretas de cada caso, debe ser necesariamente el interés prevalente del menor, ponderándolo con el de sus progenitores, que aun siendo de menor rango, no resulta desdeñable por ello (SSTC 141/2000, de 29 mayo, FJ 5; 124/2002, de 20 mayo, FJ 4; 144/2003, de 14 julio. FJ 2; 71/2004, de 19 abril, FJ 8; 11/2008, de 21, FJ 7). El interés superior del niño opera, precisamente, como contrapeso de los derechos de cada progenitor y obliga a la autoridad judicial a valorar tanto la necesidad como la proporcionalidad de la medida reguladora de su guarda y custodia. Cuando el ejercicio de algún derecho inherente a los progenitores afecta al desenvolvimiento de sus relaciones y puede repercutir de un modo negativo en el desarrollo de la personalidad del hijo menor el interés de los progenitores no resulta nunca preferente. Y de conformidad con este principio, el art. 92 CC regula las relaciones paterno-filiales en situación de conflictividad matrimonial, con base en dos principios: a) el mantenimiento de las obligaciones de los padres para hijos y b) el beneficio e interés de los hijos, de forma que la decisión del Juez sobre su debe tomarse tras valorar las circunstancias que concurren en los progenitores».

En el mismo sentido resulta interesante la **sentencia de la Audiencia Provincial de Zamora n.º 116/2025, de 26 de marzo, ECLI:ES:APZA:2025:161**, de la que se infiere:

> «Dado el carácter de principio general, de "cláusula general" y "principio jurídico indeterminado" que puede atribuirse a la protección del interés del menor es preciso llenar su contenido. En cada caso concreto hay que identificar lo que resulta más adecuado al interés de ese menor en sus concretas circunstancias. El art. 2 LOPJM recoge algunos de los criterios generales que pueden servir para interpretar y aplicar en cada caso el interés del menor. Se trata de criterios que habían venido siendo tenidos en cuenta en las decisiones de los tribunales».

Por su claridad, destacamos también la **sentencia de la Audiencia Provincial de Madrid n.º 665/2021, de 18 de junio, ECLI:ES:APM:2021:7928:**

> «Nos encontramos en una materia en la que **es criterio primordial el del "favor filii" contenido en los art. 92, 93 y 94 CC, que obliga a atemperar el contenido de la patria potestad en interés de los hijos,** por ello los Tribunales deben tratar de indagar cuál es el verdadero interés del menor, aquello que le resultará más beneficioso, no sólo a corto plazo sino en el futuro régimen de visitas del menor con su padre, que le permite ver constantemente a su padre y a su madre, lo cual no es en absoluto incompatible con la atribución a uno solo de los progenitores de la guarda y custodia. De esta forma el menor puede disfrutar de ambos progenitores en la medida más parecida a la que fue anterior a la ruptura matrimonial.

(...)

(...) en esta materia de visitas debe atenderse principalmente al interés del menor, principio esencial básicamente en aplicación del artículo 39.3 de la Constitución Española. Como dice en su preámbulo la Convención sobre los Derechos del Niño, adoptada por la Asamblea General de las Naciones Unidas el 20 de noviembre de 1989 y ratificada por España el 30 de noviembre 1990, en todas las medidas concernientes a los niños que se tomen por las instituciones públicas o privadas de bienestar social, los tribunales, las autoridades administrativas o los órganos legislativos, se atenderá, como consideración primordial, al interés superior del niño (expresión esta que se repite reiteradamente a lo largo del texto), asegurándole la protección y el cuidado que sean necesarios para su bienestar, teniendo en cuenta los derechos y deberes de sus padres (artículo 3)».

Modelos de guarda y custodia

|| Guarda y custodia atribuida a un solo progenitor

Este régimen de guarda y custodia supone que, tras el cese de la convivencia, a pesar de que ambos ejerzan la patria potestad de manera conjunta (artículo 92.4 del CC), le corresponde solo a uno de los progenitores (guarda y custodia exclusiva, unilateral o monoparental), y respecto del otro progenitor, se fija un sistema de estancias o comunicaciones, tal como expresa la **sentencia de la Audiencia Provincial de Madrid n.º 56/2022, de 28 de enero, ECLI:ES:APM:2022:491**:

> «(...) tras el cese de la convivencia conyugal, la función de la patria potestad que consiste en "tener a los hijos en su compañía" (art. 154 CC), se desdobla en dos nuevas funciones: la atribución de la custodia a un progenitor, y el establecimiento de un régimen de comunicaciones, visitas y estancias para que los hijos puedan estar con el otro progenitor. Por tanto los términos "guarda y custodia" y "régimen de visitas y estancias" no son sino dos conceptos temporales de la función de tenerlos en su compañía».

|| Guarda y custodia compartida por ambos progenitores

Esta figura no se incorpora al derecho positivo español hasta la reforma de la Ley 15/2005, de 8 de julio, si bien, desde entonces ha sufrido alguna modificación, como así tuvo lugar respecto del apartado 8 del artículo 92 del Código Civil —según redacción dada por dicha ley—, que se declaró inconstitucional y nulo por **sentencia del Tribunal Constitucional n.º 185/2012, de 17 de octubre, ECLI:ES:TC:2012:185**.

La guarda y custodia compartida se define como la alternancia de los progenitores en la posición de guardador y beneficiario del régimen de comunicación y estancia de los hijos (artículo 92.5 del CC). Esta figura se ha erigido como la medida normal y deseable desde que el Tribunal Supremo estableciese, en la **sentencia n.º 257/2013, de 29 de abril, ECLI:ES:TS:2013:2246**, la **doctrina jurisprudencial a seguir para establecer la guardia y custodia**

compartida considerándola como la **medida idónea,** cuando así afirma «la continuidad del cumplimiento de los deberes de los padres hacia sus hijos, con el consiguiente mantenimiento de la potestad conjunta, resulta sin duda la mejor solución para el menor por cuanto le permite seguir relacionándose del modo más razonable con cada uno de sus progenitores, siempre que ello no sea perjudicial para el hijo, desde la idea de que no se trata de una medida excepcional, sino que al contrario, debe considerarse la más normal, porque permite que sea efectivo el derecho que los hijos tienen a mantener dicha relación». A esta sentencia del Alto Tribunal le han seguido otras que vienen a complementar esa doctrina jurisprudencial sentada en su día, y así, la **sentencia del Tribunal Supremo n.º 442/2017, de 13 de julio, ECLI:ES:TS:2017:2840,** indica lo siguiente:

> «Se ha de partir de que el régimen de guarda y custodia compartida debe ser el normal y deseable (STS de 16 de febrero de 2015, Rc. 2827/2013), señalando la sala (SSTS de 29 de abril de 2013, 25 abril 2014, 22 de octubre de 2014) que la redacción del artículo 92 no permite concluir que se trate de una medida excepcional, sino que al contrario habrá de considerarse normal e incluso deseable, porque permite que sea efectivo el derecho que los hijos tienen a relacionarse con ambos progenitores, aún en situaciones de crisis, siempre que ello sea posible y en cuanto lo sea.
>
> (...) Con el sistema de custodia compartida, dicen las sentencias de 25 de noviembre 2013; 9 de septiembre y 17 de noviembre de 2015, entre otras:
>
> a) Se fomenta la integración de los menores con ambos padres, evitando desequilibrios en los tiempos de presencia.
>
> b) Se evita el sentimiento de pérdida.
>
> e) No se cuestiona la idoneidad de los progenitores.
>
> d) Se estimula la cooperación de los padres, en beneficio de los menores, que ya se ha venido desarrollando con eficiencia».

Es por ello por lo que, a tenor de los últimos pronunciamientos jurisprudenciales en los procedimientos de divorcio con hijos menores, el régimen de guarda y custodia compartida debe ser considerado como el régimen idóneo y normal en aras a establecer la primacía del interés del menor en dicho pronunciamiento, a menos que existan circunstancias, en el caso concreto sometido a enjuiciamiento, que impidan o desaconsejen la referida medida.

El Alto Tribunal ha reiterado en múltiples ocasiones lo previsto en la **STS n.º 495/2013, de 19 de julio, ECLI:ES:TS:2013:4082,** así, a título de ejemplo señala, en su **sentencia n.º 1644/2023, de 27 de noviembre, ECLI:ES:TS:2023:5193,** y citando otras, que:

> «Como precisa la sentencia de 19 de julio de 2013: "se prima el interés del menor y este interés, que ni el artículo 92 del Código Civil ni el artículo 9 de la Ley Orgánica 1/1996, de 15 de enero, de Protección Jurídica del Menor, define ni determina, exige sin duda un compromiso mayor y una colaboración de sus progenitores tendente a que este tipo de situaciones se resuelvan en un marco de normalidad familiar que saque de la rutina una relación simplemente protocolaria del padre no custodio con sus hijos

que, sin la expresa colaboración del otro, termine por desincentivarla tanto desde la relación del no custodio con sus hijos, como de estos con aquel. Lo que se pretende es aproximar este régimen al modelo de convivencia existente antes de la ruptura matrimonial y garantizar al tiempo a sus padres la posibilidad de seguir ejerciendo los derechos y obligaciones inherentes a la potestad o responsabilidad parental y de participar en igualdad de condiciones en el desarrollo y crecimiento de sus hijos, lo que parece también lo más beneficioso para ellos. (Sentencia 2 de julio de 2014, rec. 1937/2013)"».

Cabe destacar también la **sentencia del Tribunal Supremo n.° 665/2017, de 13 de diciembre, ECLI:ES:TS:2017:4372**, la cual, refiriéndose a esta fórmula de custodia compartida, recuerda el cambio notable de la realidad social y de la jurisprudencia que se ha venido produciendo con fundamento en estudios psicológicos y que aconseja que la custodia compartida se considere como el sistema más razonable en interés del menor. En este sentido cita otras sentencias como la **STS n.° 390/2015, de 26 de junio, ECLI:ES:TS:2015:2736**, o la **STS n.° 758/2013, de 25 de noviembre, ECLI:ES:TS:2013:5710**.

Además señala la **STS n.° 564/2017, de 17 de octubre, ECLI:ES:TS:2017:3718**, que «La custodia compartida u otro sistema alternativo no son premio ni castigo a los progenitores sino el sistema normalmente más adecuado, y que se adopta siempre que sea el compatible con el interés del menor, sin que ello suponga, necesariamente, recompensa o reproche».

CUESTIÓN

¿Pueden los tribunales acordar la custodia compartida, aunque ninguno de los progenitores lo solicite?

Sí, y así lo ha entendido el Tribunal Supremo en su sentencia n.° 437/2022, de 31 de mayo, ECLI:ES:TS:2022:2307, que reza como sigue:

«(…) los progenitores cuentan con las habilidades necesarias para atender al hijo, que no existe un rechazo del hijo a relacionarse con ambos progenitores y que las discrepancias en cuestiones sanitarias y de educación del menor que han existido carecen de relevancia. El informe de la perito judicial, pese a considerar que ambos progenitores estaban capacitados para el cuidado del hijo, propuso la custodia materna atendiendo principalmente a la consideración de que el padre no favorecía el desarrollo de la relación con la madre, algo que encuentra explicación por sus reticencias hacia la idoneidad de la madre para el cuidado del hijo en atención a los datos objetivos de las dos alcoholemias que la Audiencia da por probadas, aunque también excluya la existencia de problemas médicos relacionados con el alcohol. La Audiencia explica que no comparte las conclusiones del informe porque el amplísimo régimen de visitas desarrollado a partir del auto de medidas provisionales, con pernoctas entre semana, se ha desarrollado normalmente y sin que consten incidentes surgidos con ocasión de este. Esta última circunstancia, unida a la capacidad de ambos padres para el cuidado del hijo en todos los aspectos de su vida, es la que motiva principalmente su decisión.

Por lo demás, la parte recurrente introduce hechos que no son tenidos en cuenta en la sentencia y que ni siquiera están acreditados en el procedimiento. Así, menciona que los progenitores solo se comunican por correo electrónico, cuando este dato solo se recoge en el informe pericial como simple relato de la madre. O la alusión a una posible manipulación del menor por parte del padre, que tampoco se menciona en la sentencia ni se desprende de la pericial.

> *Por estas razones debemos concluir, de manera coincidente con lo manifestado por el Ministerio Fiscal en su informe de oposición al recurso que, partiendo del respeto a los hechos declarados probados, la sentencia recurrida ha aplicado correctamente el principio de protección del interés del menor, motivando suficientemente, y no de forma irracional, aparente o estereotipada, la conveniencia del sistema de guarda y custodia compartida».*

Por último, es importante traer a colación en el presente apartado, el contenido del artículo 92.7 del CC, respecto del cual se ha planteado una cuestión de inconstitucionalidad (**ATS rec. 8870/2021, de 11 de enero de 2023, ECLI:ES:TS:2023:581A**), el cual establece:

> «7. No procederá la guarda conjunta cuando cualquiera de los progenitores esté incurso en un proceso penal iniciado por intentar atentar contra la vida, la integridad física, la libertad, la integridad moral o la libertad e indemnidad sexual del otro cónyuge o de los hijos que convivan con ambos. Tampoco procederá cuando el juez advierta, de las alegaciones de las partes y las pruebas practicadas, la existencia de indicios fundados de violencia doméstica o de género. Se apreciará también a estos efectos la existencia de malos tratos a animales, o la amenaza de causarlos, como medio para controlar o victimizar a cualquiera de estas personas».

Asimismo, se había planteado la constitucionalidad del artículo 94 del CC, si bien, en este caso, el **TC a través de su sentencia n.º 106/2022, de 13 de septiembre, ECLI:ES:TC:2022:106**, descartó la inconstitucionalidad del mismo, con respecto al régimen de visitas, dado que, en el propio precepto, se establece, que no obstante, la autoridad judicial, en resolución motivada y en atención al interés del menor, puede establecer, en determinados casos, un régimen de visitas, comunicación o estancia con el progenitor incurso en un proceso penal iniciado por los mismos ilícitos criminales, o por la existencia de indicio de violencia doméstica o de género.

Sin embargo, lo preceptuado en el mencionado artículo 92.7 del CC, **no permite al tribunal valorar la gravedad, naturaleza o alcance del delito que se atribuye a uno o a ambos progenitores, ni el efecto que desencadena en la relación con los hijos o hijas menores de edad**, ni tampoco contempla su carácter doloso o culposo, ni las concretas circunstancias concurrentes que exijan un específico tratamiento individualizado.

El referido artículo, **opera con carácter imperativo y automático**, sin admitir excepción alguna, pues basta con que cualquiera de los progenitores esté incurso en un proceso penal, todavía no enjuiciado, para que se prohíba la custodia compartida.

Así, reza el Alto Tribunal:

> «Con ello, se subordina o posterga, sin posibilidad de valoración alternativa o tratamiento específico alguno, el interés de un menor, considerado como superior, primordial, bien constitucional y principio de orden público, susceptible, como tal, de limitar el núcleo tuitivo de los derechos fundamentales que entren en conflicto incompatible con dicho interés, en los supuestos en que uno de los padres se encuentre inserto en un proceso

penal seguido por ilícitos comportamientos de tal clase, casos en los que su interés superior no puede ser ponderado, por el operador jurídico, sean cuales sean las circunstancias concurrentes.

(....)

La circunstancia de la formulación de una denuncia penal por la madre, relativa a un hecho aislado, consistente en unos supuestos golpes sufridos en el antebrazo, no causantes de lesiones, y pendientes de enjuiciamiento, sobre los cuales el padre goza de presunción de inocencia, conforman, a tenor del art. 92.7 CC, un óbice irremediable para el mantenimiento de un régimen de custodia compartida, que se ha reputado, en sendas resoluciones judiciales y en informe de especialista, más beneficioso al interés superior del menor.

Y de ahí surgen nuestras dudas de inconstitucionalidad, que sometemos al tribunal máximo intérprete de la adecuación de las leyes a los principios y derechos constitucionales, toda vez que el art. 92.7 del CC podría colisionar con el interés superior del menor consagrado en el art. 39 CE y en los convenios internacionales suscritos por España, afectar, de forma negativa, al libre desarrollo de la personalidad del art. 10.1 CE, al no contemplar todo el haz de circunstancias posibles, y suponer una injerencia no debidamente justificada en el derecho a la vida privada del art. 8 CEDH, tal y como es concebido jurisprudencialmente.

Consideramos que caben otras medidas alternativas menos gravosas, para la consecución de la finalidad legítima perseguida, como es el prudente arbitrio judicial para evitar situaciones como las que el precepto quiere prevenir, siendo desproporcionada la norma cuestionada, en tanto en cuanto no permite entre en juego el principio del interés superior del menor de máximo rango constitucional, al no preverse excepciones al régimen imperativo del art. 92.7 CC, y no ofrecer opciones resolutivas, como si hace el art. 94 del CC.

Todo ello, con la finalidad de ponderar las circunstancias concurrentes, aun teniendo en cuenta que el régimen de custodia compartida exige una mayor colaboración entre los padres, lo que conforma un elemento a ponderar, pero que, en el supuesto litigioso, no es óbice para el correcto funcionamiento de la medida de custodia compartida, que se evidencia como más beneficiosa para el niño, y que viene funcionando, correctamente, cara a la formación y desarrollo de su personalidad e integración futura en el mundo de los adultos con los resortes adecuados para ello.

En definitiva, como señala el Tribunal Constitucional, para valorar qué es lo que resulta más beneficioso para el menor, "ha de atenderse especialmente a las circunstancias concretas del caso, pues no hay dos supuestos iguales, ni puede establecerse un criterio apriorístico sobre cuál sea su mayor beneficio" (SSTC 178/2020, de 14 de diciembre, FJ 3 y 81/2021, de 19 de abril, FJ 2).

Las dudas de inconstitucionalidad no suponen de ninguna manera que, en la determinación del régimen de custodia compartida, esta sala no tenga en cuenta las situaciones de violencia de género, o sobre los menores, o las dificultades derivadas de las malas relaciones entre los padres. Así lo venimos considerando a través de una consolidada doctrina jurisprudencial, en el ejercicio de la función nomofiláctica y unificadora de la interpretación de los textos legales, de las que son expresión, por ejemplo, las sentencias 350/2016, de 26 de mayo; 23/2017, de 17 de enero; 175/2021, de 29 de marzo, o 372/2021, de 31 de mayo, entre otras».

Guarda y custodia encomendada a abuelos, parientes u otras personas que así lo consintieren y, de no haberlos, a una institución idónea

En este caso, se trata de **casos excepcionales**, en donde la existencia de episodios traumáticos para el menor imposibilita o hacen inviables la custodia a favor de cualquiera de los progenitores (artículo 103.1.ª del CC). Así, no solo los abuelos, sino también otros parientes próximos, pueden resultar la mejor opción para serle atribuida la custodia de estos, pues pueden ser los que mejor velen por su estabilidad y desarrollo personal.

2.
LA GUARDA Y CUSTODIA DE MENORES POR ABUELOS O PARIENTES

2.1. ¿En qué casos puede otorgarse? El procedimiento a seguir

¿Puede otorgarse la guarda y custodia de menores a abuelos u otros parientes?

El **artículo 92 del CC** hace referencia a la guarda y custodia de menores por parte de uno o de ambos progenitores, pero no menciona en sus apartados el supuesto en que los abuelos u otros familiares de los menores sean los que ostenten la guarda y custodia de los mismos.

Para determinar la procedencia de esta figura es necesario acudir a lo previsto en el **artículo 103 del CC**. Este precepto se refiere a las medidas provisionales en caso de demanda de nulidad, separación y divorcio que adoptará el juez — admitida la demanda— a falta de acuerdo de los cónyuges aprobado judicialmente. En concreto en el **numeral 1 del artículo 103 del CC en cuanto a la guarda y custodia de los hijos** se establece:

> «Excepcionalmente, los hijos podrán ser encomendados a los abuelos, parientes u otras personas que así lo consintieren y, de no haberlos, a una institución idónea, confiriéndoseles las funciones tutelares que ejercerán bajo la autoridad del juez».

La **referencia expresa a los «abuelos, parientes u otras personas que así lo consintieren»** se introdujo en la reforma operada por la **Ley 42/2003, de 21 de noviembre,** de modificación del Código Civil y de la Ley de Enjuiciamiento Civil en materia de relaciones familiares de los nietos con los abuelos, la cual supone contemplar la decisión judicial, a falta de acuerdo de los progenitores que otorgue excepcionalmente el cuidado de los menores, en primer lugar, a los abuelos, antepuesta a la posibilidad de que se otorgue a otros parientes, personas o instituciones. Señala al respecto **la exposición de motivos resaltando el papel de los abuelos** a tales efectos que:

> «Los **abuelos desempeñan un papel fundamental de cohesión y transmisión de valores en la familia,** que es el agente de solidaridad por excelencia de la sociedad civil (...)
>
> El **interés del hijo, principio rector en nuestro derecho de familia, vertebra un conjunto de normas de protección, imprescindibles** cuando las estructuras familiares manifiestan disfunciones, ya sea por situaciones de crisis matrimonial, ya sea por abandono de relaciones familiares no matrimoniales o por cumplimiento defectuoso de los deberes por parte de los progenitores.
>
> (...)
>
> En efecto, cabe entender que **los abuelos,** ordinariamente ajenos a las situaciones de ruptura matrimonial, **pueden desempeñar un papel crucial para la estabilidad del menor.** En este sentido, disponen de una autoridad moral y de una distancia con respecto a los problemas de la pareja que puede ayudar a los nietos a racionalizar situaciones de conflicto familiar, favoreciendo en este sentido su estabilidad y su desarrollo. Contrarrestar situaciones de hostilidad o enfrentamiento entre los progenitores y dotar al menor de referentes necesarios y seguros en su entorno son circunstancias que pueden neutralizar los efectos negativos y traumáticos de una situación de crisis.
>
> (...)
>
> De acuerdo con todo lo anterior, la modificación legislativa que se aborda en esta ley persigue un **doble objetivo.** En primer lugar, singularizar desde un aspecto sustantivo, de forma más explícita y reforzada, el **régimen de relaciones entre los abuelos y los nietos,** tanto en caso de ruptura familiar, como en el caso de simple dejación de obligaciones por parte de los progenitores. En segundo lugar, se atribuye a los **abuelos una función relevante en el caso de dejación por los padres de las obligaciones derivadas de la patria potestad».**

Así pues, la citada medida del artículo 103 del CC está contemplada entre las de carácter provisional pero no aparece entre las que pueden adoptarse con carácter definitivo, conforme al artículo 92 del CC. No obstante, señala la **sentencia del Tribunal Supremo n.º 679/2013, de 20 de noviembre, ECLI:ES:TS:2013:5713,** que:

> «(...) Sin embargo, ningún problema plantea el que, con relación a la patria potestad, y en la interpretación del artículo 92, a la que si refiere este artículo, se pueda instaurar este régimen intermedio y extraordinario que permita atender a la protección de este interés, (...), sin perjuicio de que la medida que se acuerda pueda ser revisada cuando se acredite el cambio de la situación de hecho y las nuevas circunstancias que permitan otra distinta que conjugue todos los intereses en juego».

Por su parte, la **sentencia de la Audiencia Provincial de Melilla n.º 37/2022, de 27 de mayo, ECLI:ES:APML:2022:116**, establece lo siguiente al respecto:

> «La norma general debe ser que la guarda y custodia de cualquier menor, deba ser ostentada por sus propios progenitores y no por terceros, aun cuando éstos sean los propios abuelos del niño, atribución que se fundamenta en razones biológicas, afectivas, y de disposición y capacidad para hacerse cargo de las necesidades del niño. Sin embargo, este principio general establecido en los arts. 91, 92, y 103 del Código Civil puede tener la excepción de que se atribuya la guarda y custodia a los abuelos, parientes, y otras personas idóneas, todo ello cuando concurran circunstancias extraordinarias, partiendo de la especial consideración de que debe ser el interés del niño y su voluntad manifestada, por encima del lógico deseo de cada uno de los progenitores de tenerlo consigo».

Admitida la posibilidad de que los abuelos u otros parientes asuman la guarda y custodia de los menores **cabe preguntarse en qué casos podría darse esta situación**. Se trata, pues, de **supuestos excepcionales** que pueden darse cuando:

- Uno o ambos progenitores han fallecido.
- Los progenitores hayan sido privados o suspendidos del ejercicio de la patria potestad.
- Los menores se encuentren en situación de desamparo.
- Uno o ambos progenitores se encuentran imposibilitados para ejercer sus responsabilidades como puede ser cuando se hallen padeciendo alguna enfermedad, en caso de toxicomanías o adicciones graves, en caso de ingreso en establecimiento penitenciario, y recientemente se han admitido, de forma novedosa, los casos en que los progenitores manifiesten desinterés respecto de los menores.

Los tres primeros casos han sido los que ordinariamente han motivado la asunción de la tutela y el cuidado de los menores por familiares u otras personas, dada la imposibilidad de los progenitores. Si bien cada vez son más los supuestos en que, aun subsistiendo la patria potestad en los progenitores y atendiendo al interés superior del menor, se ha ido otorgando la guarda y custodia de los menores a otras personas, abuelos u otros familiares, dando respuesta a la posibilidad que recoge el citado artículo 103.1.º del CC. Algunos de estos supuestos más novedosos serán posteriormente examinados.

Lo novedoso de estos casos es que se va a otorgar la guarda y custodia de los menores sin necesidad de privar a los progenitores de la patria potestad y conservando estos amplios derechos de visitas y comunicación con los menores; para ello, dadas las circunstancias especialmente graves que concurran en el caso, se valorará prioritariamente el interés superior del menor.

Entonces **¿cuál será el procedimiento a seguir en estos casos?** La LEC cuando regula los procesos matrimoniales y de menores (arts. 769 a 778 ter de la LEC), donde tienen cabida las medidas relativas a la guarda y custodia de los menores, no hace alusión a la custodia por parte de los abuelos u otros familiares, sino que alude a la guarda y custodia de los progenitores.

No obstante, también hace alusión a la solicitud de las medidas del artículo 103 del CC en el cual se recoge la posibilidad ya tantas veces mencionada de la guarda y custodia excepcional por otros familiares.

> **A TENER EN CUENTA**. Tras la reforma operada por la LO 1/2025, de 2 de enero, en vigor a partir del 03/04/2025, se exige como requisito de procedibilidad en las demandas civiles el haber acudido con carácter previo a las mismas a un medio adecuado de solución de controversias —«MASC»— con la excepciones de los procesos previstos en el artículo 5.2 de la citada norma, entre los que no se encuentra el proceso en el que se dirima la custodia de los menores.

En conclusión, los abuelos o familiares acudirán al juzgado de primera instancia o de familia que corresponda solicitando la guarda y custodia del menor y aportarán todos los medios de prueba que acrediten la mayor protección del interés de este, en caso de que se atienda la solicitud. Estos medios de prueba podrán referirse a aspectos tales como: integración del menor en ese núcleo familiar, situación de hecho del cuidado por el familiar en cuestión, situación de los progenitores para con los menores... Se seguirán los trámites del juicio de familia, esto es, los trámites previstos para el juicio verbal con las particularidades previstas con carácter general en los artículos 769 y siguientes de la LEC.

> **A TENER EN CUENTA**. Por la reforma realizada por la LO 1/2025, de 2 de enero, una vez implantados de forma efectiva los tribunales de instancia (D.T. 1.ª), todas las referencias realizadas a los juzgados unipersonales se entenderán realizadas a las secciones del orden jurisdiccional correspondiente de los tribunales de instancia. En este caso, el apartado 5 del art. 86 de la LOPJ, en su letra b), atribuye a la Sección de Familia, Infancia y Capacidad la jurisdicción exclusiva y excluyente de las materias «que versen exclusivamente sobre guarda y custodia de hijos o hijas menores o sobre alimentos reclamados por un progenitor contra el otro en nombre de los hijos o hijas menores».

CUESTIÓN

Un menor que se encuentra bajo el cuidado de sus abuelos por falta de atención de sus progenitores ¿se entiende que se halla en situación de desamparo?

Esta cuestión es relevante a los efectos de determinar la guarda de los menores por los abuelos, ya que, si se considera en situación de desamparo, la asunción de la guarda por la entidad pública correspondiente sería automática en base al artículo 172 del CC.

Para dar respuesta a esta cuestión cabe traer a colación la **sentencia del Tribunal Supremo n.º 582/2014, de 27 de octubre, ECLI:ES:TS:2014:4243**, en la que se solicita a la sala la fijación de doctrina en relación con lo siguiente: «un menor cuyos progenitores han incumplido los deberes inherentes a la patria potestad se halla en situación de desamparo aun cuando haya un guardador de hecho que atiende a sus necesidades».

Así entendido el desamparo como la situación «(...) que se produce de hecho a causa del incumplimiento o del imposible o inadecuado ejercicio de los deberes de protección establecidos por las leyes para la guarda de los menores, cuando éstos queden privados de la necesaria asistencia moral o material» (art. 172., párrafo 2.º, del CC), distingue la sentencia dos tesis contrapuestas:

Subjetiva: si el menor no se encuentra atendido por las personas que ostentan la patria potestad o la tutela, existe situación de desamparo, aunque tengan cubierta su asistencia por un guardador de hecho.

Objetiva: se trata de una situación de hecho en la que lo que prima es la desasistencia del menor, así si alguien lo atiende no existe situación de desamparo.

Pues bien, ante las dos posturas anteriores la respuesta debe atender al interés superior del menor que debe prevalecer en todo caso, de modo que, el Tribunal Supremo fija la siguiente **doctrina**:

«(...) Cuando un guardador de hecho preste a un menor la necesaria asistencia, supliendo el incumplimiento de los progenitores de los deberes de protección establecidos por las leyes respecto de la guarda de aquel, ni se excluye ni se impone declarar la situación de desamparo, debiendo ser las circunstancias concretas de la guarda de hecho, interpretadas al amparo del superior interés del menor, las determinantes a la hora de decidir la situación jurídica respecto de su eficaz protección».

2.2. Derechos y deberes

¿Cuáles son los derechos y deberes de los abuelos u otros familiares que ostenten la guarda y custodia de un menor?

En los casos en que se atribuye la guarda y custodia de un menor a los abuelos o a otros familiares sin extinguirse la patria potestad de los progenitores, se van a limitar los derechos de estos respecto de los menores. Corresponderá a los abuelos, o en su caso al familiar que se determine, el ejercicio de las funciones tutelares de los menores que ejercerán bajo la autoridad del juez (art. 103.1.º del CC).

En este sentido para poder concretar los **derechos y deberes que corresponden a la guarda y custodia hay que partir de la distinción entre esta última y la patria potestad**. Así, la **sentencia de la Audiencia Provincial de A Coruña n.º 412/2013, de 9 de octubre, ECLI:ES:APC:2013:2506,** señala:

«La **patria potestad** puede definirse como la función tuitiva o protectora atribuida por la ley a los progenitores respecto a sus hijos menores o incapacitados encaminada a garantizar a éstos el adecuado desarrollo de su persona en todos los órdenes, que comprende un conjunto de derechos y obligaciones consistentes, según los términos del artículo 154 del Código Civil, en velar por ellos, tenerlos en su compañía, alimentarlos, educarlos y procurarles una formación integral, así como representarlos y administrar sus bienes. La **guarda y custodia no es más que** la forma de ejercicio ordinario de la patria potestad por el progenitor que convive habitualmente con el menor. La atribución de la custodia a uno o ambos progenitores en los procesos de familia viene a concretar si se encomienda a uno u otro progenitor, o a ambos, la obligación del desempeño ordinario y habitual de las funciones inherentes al ejercicio de la patria potestad».

En la misma línea añade el **auto de la Audiencia Provincial de Granada n.º 89/2019, de 26 de abril, ECLI:ES:APGR:2019:958A**:

«La confusión que se produce entre ambas instituciones, patria potestad y guarda hace necesario delimitar el contenido de una y otra para determinar qué decisiones deben adoptarse de común acuerdo, o al menos con el conocimiento y sin oposición manifiesta del otro progenitor, como titulares del ejercicio conjunto de la patria potestad y cuáles puede tomar unilateralmente el que ostenta la guarda exclusiva del menor, y ello suele hacerse sobre la distinción de actos ordinarios y extraordinarios, lo que habría de determinarse "conforme al uso social y las circunstancias" tal y como señala textualmente el artículo 156 del Código Civil».

Aunque las anteriores resoluciones hacen referencia a los progenitores y a su guarda y custodia respecto de los menores, es posible extrapolarlo a los casos en que aquellos conservan la patria potestad y la guarda y custodia corresponde a otras personas (abuelos u otros familiares). En estos casos, corresponde a la persona que tenga atribuida la guarda y custodia el ejercicio de **todos aquellos derechos y deberes que tengan relación con la vida cotidiana del menor** (colegio, médico, alimentación, actividades...).

Los derechos y deberes de los que ejerzan la guarda y custodia se determinarán con los límites que en el caso concreto determine la situación y el interés superior del menor, pudiendo limitar la patria potestad hasta puntos en los que se reduzca a ejercer el derecho de visita y comunicación con los menores y/o a la obligación de cumplir con una obligación de alimentos a cargo de uno o de ambos progenitores, según el caso y atendiendo a quien ejerza dicha patria potestad. Así sucede, a título de ejemplo, en el caso planteado en el **auto de la Audiencia Provincial de Pontevedra n.º 25/2023, de 6 de febrero, ECLI:ES:APPO:2023:909A**.

En cuanto a la incidencia del interés del menor a la hora de limitar la patria potestad, se ha venido reiterando por la jurisprudencia, como así se infiere de la **sentencia de la Audiencia Provincial de Jaén n.º 963/2022, de 21 de septiembre, ECLI:ES:APJ:2022:1211**, con cita a la **STS n.º 492/2018, de 14 de septiembre, ECLI:ES:TS:2018:3154**, que:

«El interés del menor no crea ni extingue por sí solo relaciones propias de la patria potestad, pero sirve para configurar determinadas situaciones, como la que aquí se enjuicia, teniendo en cuenta que la regulación de cuantos deberes y facultades configuran la patria potestad está pensada y orientada en beneficio de los hijos».

2.3. El papel de los progenitores

¿Cuál es el papel de los progenitores cuando no ejercen la guarda y custodia de un menor?

Como se deduce de lo hasta aquí expuesto, la patria potestad de los progenitores en los casos de que la guarda y custodia de los hijos se atribuya a terceras personas se verá limitada, de modo que su papel respecto de los hijos será diferente a los casos en que sean ellos los custodios. Algo semejante ocurre con el progenitor no custodio cuando ejerciendo la patria potestad no le corresponde la guarda y custodia de los hijos.

En este sentido, privados de la guarda y custodia, los progenitores podrán tener reconocidos derechos de visita y de comunicación con los hijos, manteniendo la obligación de velar por ellos a través del establecimiento a su cargo de una pensión de alimentos, asimismo se podrá limitar en mayor o menor medida su capacidad de tomar decisiones respecto de los hijos.

En relación con lo anterior, cabe traer a colación diversos preceptos del CC que pueden servir de fundamento a tales previsiones aun cuando se refieren generalmente a los progenitores en base a lo previsto en el **artículo 156 del CC**: «La patria potestad se ejercerá conjuntamente por ambos progenitores o por uno solo con el consentimiento expreso o tácito del otro. (...) En defecto o por ausencia o imposibilidad de uno de los progenitores, la patria potestad será ejercida exclusivamente por el otro».

En primer lugar, resulta especialmente relevante el **artículo 158 del CC en el que se prevé la adopción por el órgano judicial de cuantas medidas se estimen convenientes** para asegurar la prestación de alimentos y proveer a las futuras necesidades del hijo en caso de incumplimiento de este deber por sus progenitores.

En segundo lugar, en cuanto al **derecho de los hijos menores de relacionarse con los progenitores u otros familiares**, su fundamento se encuentra en los artículos 160 y 161 del CC, del primero de ellos resulta: «1. Los hijos menores tienen derecho a relacionarse con sus progenitores aunque éstos no ejerzan la patria potestad, salvo que se disponga otra cosa por resolución judicial o por la Entidad Pública en los casos establecidos en el artículo 161. (...) 2. No podrán impedirse sin justa causa las relaciones personales del menor con sus hermanos, abuelos y otros parientes y allegados (...)».

En tercer lugar, en lo que se refiere a los **alimentos, citar los artículos 142 y siguientes del CC**, señalando, en concreto y a los efectos de fijar la cuantía de los mismos, el artículo 146 del CC: «La cuantía de los alimentos será proporcionada al caudal o medios de quien los da y a las necesidades de quien los recibe».

En definitiva, será el interés superior del menor el punto clave para determinar el papel de sus progenitores respecto del mismo y hasta dónde alcanza este.

A título de ejemplo cabe citar los siguientes casos:

- **Sentencia de la Audiencia Provincial de Melilla n.° 37/2022, de 27 de mayo, ECLI:ES:APML:2022:116**, en la que se atribuye, ante el fallecimiento de la progenitora, la custodia de dos menores a la abuela materna atendiendo al interés superior de aquellas. Se establece para el progenitor no custodio un régimen de visitas y comunicación que fijarán de común acuerdo o, en su defecto, de dos días a la semana de modo que «(...) deberá facilitar la comunicación y el contacto del padre con las menores en interés de las mismas, siendo deseable que el padre y las menores, con la colaboración de su abuela, pudieran tener mayor contacto en beneficio mutuo». Asimismo, se fija a cargo del progenitor una pensión de alimentos de 250 € mensuales para cada hija.

- **Sentencia de la Audiencia Provincial de Navarra n.° 40/2022, de 1 de febrero, ECLI:ES:APNA:2022:195**, en ella se atribuye la guarda y custodia a la abuela materna de nuevo, estableciendo al progenitor, con la finalidad de no romper los lazos entre él y su hija y al mismo tiempo mantener la estabilidad de la menor, un amplio régimen de visitas en los términos siguientes: «A la vez y en un intento de que se vaya recuperando esa relación entre el padre y la hija, se considera oportuno, si no es posible por la edad de Felicísima fijar un plazo expreso para que reintegre al domicilio paterno sí el establecimiento de un régimen de visitas lo suficientemente amplio para que permita a don Avelino fomentar la relación con su hija, reforzando los vínculos entre ambos con el fin de conseguir normalizar la misma. Siendo, en este sentido, amplio el régimen de visitas fijado en primera instancia procede su mantenimiento».

¿El apoyo de los abuelos influye a la hora de atribuir la custodia a alguno de los progenitores?

Es muy interesante la descripción contenida en la ya mencionada **sentencia de la Audiencia Provincial de Badajoz n.° 379/2019, de 21 de mayo, ECLI:ES:APBA:2019:440**, que señala que aunque los abuelos no son padres ni madres, y no pueden suplantar su función, sí **pueden ser extraordinarios colaboradores**:

> «(...) El **entorno familiar pesa mucho** y, por tanto, cobra mucha relevancia cuando tenemos que emitir un juicio sobre el interés superior del menor.
> Dicho con otras palabras, cuando hablamos de custodia compartida, **uno de los factores a valorar positivamente es la disponibilidad de los propios padres de los progenitores**. La ayuda de los abuelos, lejos de ser un estorbo para fijar el concreto sistema de custodia es un importante aliciente (...)».

Así también lo tiene establecido de forma reiterada la jurisprudencia, como, por ejemplo, la **STS n.° 211/2019, de 5 de abril, ECLI:ES:TS:2019:1411**, en la que se concede la custodia monoparental a un padre porque, entre otras circunstancia, **los abuelos paternos ofrecen una mejor atención al menor**.

Por lo que, entiende la amplia jurisprudencia que, **si los abuelos pueden suponer un apoyo familiar fundamental en situaciones normales, más importancia cobran en momentos difíciles**, tanto para cuidar de sus nietos como para preservar su estabilidad emocional.

3.
EL INTERÉS SUPERIOR DEL MENOR

¿Qué se entiende por interés superior del menor?

El interés del menor es el principio fundamental que rige en materia de guarda y custodia y, por ello, es necesario tener claro que cualquier medida que se adopte en estos procedimientos que afecte al menor debe constituirse como la opción más beneficiosa para este.

El interés superior del menor es definido por la Real Academia de la Lengua Española (RAE) como el «derecho de todo menor a que su interés sea valorado y considerado como primordial en todas las acciones y decisiones que le conciernan, tanto en el ámbito público como privado».

Asimismo, el artículo 39 de la Constitución Española establece que los poderes públicos deben asegurar la protección, social, económica y jurídica de la familia y en **especial de los menores de edad, de conformidad con los acuerdos internacionales que velan por sus derechos.** La Convención de Derechos del Niño de Naciones Unidas de 20 de noviembre de 1989 proclama el llamado interés superior del menor, que es un principio rector en la actuación de los poderes públicos en relación con los menores.

El denominado interés superior del menor fue positivizado en el artículo 2 de la Ley Orgánica 1/1996 de protección jurídica del menor, si bien, la Ley Orgánica 8/2015, de 22 julio, de modificación del sistema de protección a la infancia y a la adolescencia, ha introducido cambios de vital importancia que desarrollan y refuerzan el derecho del menor a que su interés superior sea prioritario, principio fundamental en esta materia:

> «1. Todo menor tiene derecho a que su interés superior sea valorado y considerado como primordial en todas las acciones y decisiones que le conciernan, tanto en el ámbito público como privado. En la aplicación de la presente ley y demás normas que le afecten, así como en las medidas concernientes a los menores que adopten las instituciones, públicas o privadas, los Tribunales, o los órganos legislativos primará el interés superior de los mismos sobre cualquier otro interés legítimo que pudiera concurrir.
>
> Las limitaciones a la capacidad de obrar de los menores se interpretarán de forma restrictiva y, en todo caso, siempre en el interés superior del menor».

Por lo que, el citado artículo 2.1 de la LO 1/1996, de 15 de enero, y como nos recuerda la **sentencia del Tribunal Constitucional n.º 5/2023, de 20 de febrero, ECLI:ES:TC:2023:5** tras configurar el interés del menor como principio primordial en cuantas acciones y decisiones le afecten, consagra un principio interpretativo de las limitaciones a la capacidad de obrar de los menores, pues estas se interpretarán de forma restrictiva y, en todo caso, atendiendo al interés superior del menor:

> «**Dicho interés debe interpretarse y aplicarse "en cada caso", "atendiendo a las circunstancias concretas del supuesto"** (art. 2.2) y tomando en consideración "los deseos, sentimientos y opiniones del menor, así como su derecho a participar progresivamente, en función de su edad, madurez, desarrollo y evolución personal, en el proceso de determinación de su interés superior" [art. 2.2 b)]. **Termina en este punto señalando que "la persona menor de edad tiene derecho a ser oída y escuchada, con carácter preferente, de modo que se tomen en consideración sus deseos, sentimientos y opiniones, en los asuntos en que se vea concernida"**».

Asimismo, el propio preámbulo de la citada ley se refiere a él como un concepto jurídico indeterminado y al que se pretende, mediante la promulgación de dicha ley orgánica, incorporar matices y aspectos extraídos tanto de la jurisprudencia del Tribunal Supremo, como los criterios de la observación general n.º 14, de 29 de mayo de 2013, del Comité de Naciones Unidas de Derechos del Niño, sobre el derecho del niño a que su interés superior sea una consideración primordial.

Prosigue el preámbulo indicando que este concepto se define desde un contenido con tres dimensiones diferenciadas, pero con una única finalidad, asegurar el respeto completo y efectivo de todos los derechos del menor, así como su desarrollo integral. Esta composición tridimensional se caracteriza porque el interés superior del menor es simultáneamente:

- Un derecho sustantivo, en el sentido de que **el menor tiene derecho a que, cuando se adopte una medida que le concierna, sus mejores intereses hayan sido evaluados** y, en el caso de que haya otros intereses en presencia, se hayan ponderado a la hora de llegar a una solución.

- Un principio general de carácter interpretativo, de manera que si una disposición jurídica puede ser interpretada en más de una forma, **se debe optar por la interpretación que mejor responda a los intereses del menor.**

- Una **norma de procedimiento**, pues siempre que se deba tomar una decisión que afecte al interés de niñas o niños, el proceso deberá incluir una estimación de las posibles repercusiones de esa toma de decisión en los intereses de los mismos. La evaluación y determinación de su interés superior requerirá garantías procesales. Se debe, por ejemplo, dejar patente y explicar cómo se ha respetado este derecho en la decisión.

Así las cosas, es **el interés del menor la cuestión prioritaria a determinar y proteger por parte del ordenamiento jurídico y el principio que debe preservarse frente a cualquier otro derecho** con el que pueda entrar en colisión o presentar cierta conflictividad. En este sentido, podemos traer a colación lo dispuesto en la **sentencia de la Audiencia Provincial de Valladolid n.º 311/2019, de 17 de julio, ECLI:ES:APVA:2019:1149**, la cual establece en su fundamento de derecho primero lo siguiente:

> «(...) El interés superior del menor es el factor más importante y condiciona todos los demás para relativizarlos y determinar en qué sentido ha de producirse el pronunciamiento judicial. Servirá tanto para conceder la relación como para impedirla pues la justa causa más relevante de concesión o de denegación de la relación será que sea favorable o perjudicial para el menor. Se protegerá el interés superior del menor cuando se adopten medidas que le sean beneficiosas o cuando con las medidas adoptadas se le eviten perjuicios. En la Exposición de Motivos de la Ley 42/2003 se dice que el interés del hijo, principio rector en nuestro derecho de familia, vertebra un conjunto de normas de protección, imprescindibles cuando las estructuras familiares manifiestan disfunciones, ya sea por situaciones de crisis matrimonial, ya sea por abandono de relaciones familiares no matrimoniales o por cumplimiento defectuoso de los deberes por parte de los progenitores. En este ámbito, la intervención de los poderes públicos debe tender a asegurar el mantenimiento de un espacio de socialización adecuado que favorezca la estabilidad afectiva y personal del menor, a tenor del mandato contemplado en el artículo 39 de la Constitución, que asegura la protección social, económica y jurídica de la familia.
>
> Respecto a los criterios para averiguar y decidir cuál es el interés superior del menor o cómo se va a velar por dicho interés se ha pronunciado la Sala Primera del Tribunal Supremo en sentencias, entre otras, de 8 de octubre de 2009 o de 11 de marzo de 2010 y expone como tales la práctica anterior de los padres en sus relaciones con el menor y sus aptitudes personales; los deseos manifestados por los menores; el número de hijos; el cumplimiento por los progenitores de sus deberes en relación con los hijos y el respeto mutuo en sus relaciones personales y con otras personas que convivan en el hogar familiar; los acuerdos adoptados por los progenitores; la ubicación de sus respectivos domicilios, horarios y actividades de unos y otros; el resultado de los informes exigidos legalmente y cualesquiera otros que permita a los menores una vida adecuada en una convivencia que forzosamente deberá ser más compleja que la que se desarrollaba cuando los progenitores.
>
> El factor del interés superior del menor está presente en toda la normativa reguladora del régimen de guarda y visitas que es citada constantemente en las resoluciones judiciales (...)».

El **Tribunal Constitucional, en su sentencia n.º 64/2019, de 9 de mayo, ECLI:ES:TC:2019:64**, se pronuncia sobre el interés superior del menor en los siguientes términos:

> **«El interés superior del menor es la consideración primordial a la que deben atender todas las medidas concernientes a los menores que tomen las instituciones públicas o privadas de bienestar social,** los tribunales, las autoridades administrativas o los órganos legislativos, según el art. 3.1 de la Convención sobre los derechos del niño ratificada

por España mediante instrumento de 30 de noviembre de 1990. Como detalla la observación general núm. 14, de 29 de mayo de 2013, del Comité de Naciones Unidas de Derechos del Niño, el citado precepto enuncia uno de los cuatro principios generales de la Convención en lo que respecta a la interpretación y aplicación de todos los derechos del niño, a aplicar como un concepto dinámico que debe evaluarse adecuadamente en cada contexto. Es uno de sus valores fundamentales, y responde al objetivo de garantizar el disfrute pleno y efectivo de todos los derechos reconocidos por la Convención. Añade que no hay jerarquía de derechos en la Convención: todos responden al interés superior del niño y ningún derecho debería verse perjudicado por una interpretación negativa del interés superior del menor».

En el mismo sentido, el **Tribunal Supremo, en su sentencia n.º 705/2021, de 19 de octubre, ECLI:ES:TS:2021:3863**, recoge que «para valorar qué es lo que resulta más beneficioso para el menor, ha de atenderse especialmente a las circunstancias concretas del caso, pues no hay dos supuestos iguales, ni puede establecerse un criterio apriorístico sobre cuál sea su mayor beneficio, de modo que **el tribunal debe realizar la ponderación de cuál sea el interés superior del menor en cada caso**, ofreciendo una motivación reforzada sustentada en su mayor beneficio y con pleno respeto a sus derechos».

La misma línea sigue la **sentencia del Tribunal Constitucional n.º 106/2022, de 13 de septiembre, ECLI:ES:TC:2022:106**, que establece «**Es la autoridad judicial la que tomará la decisión de suspender, de restringir o no el régimen de visitas y estancias, y lo deberá hacer guiada por la finalidad de velar por el interés del menor** (art. 39 CE). A tal fin, el precepto impugnado no limita la posibilidad de que el órgano judicial valore la gravedad, naturaleza y alcance del delito que se atribuye a un progenitor o a ambos, ni su incidencia en la relación paterno o materno filial, su carácter doloso o imprudente, la persona o personas directamente afectadas por el mismo, así como las concretas circunstancias del caso. De este modo, a diferencia de lo que afirman los recurrentes, el precepto impugnado **faculta a la autoridad judicial para que pondere entre otras las consecuencias irremediables que el trascurso del tiempo de duración de la instrucción puede tener para las relaciones entre el niño y los progenitores que no viven con él** (por todas, STEDH Saleck Bardi c. España, § 52), el carácter provisional de la condición de investigado en un proceso penal, así como su deber de adoptar medidas eficientes y razonables para proteger a los niños de actos de violencia o de atentados contra su integridad personal. Dichas medidas, desde luego, pueden ocasionar la pérdida de los derechos dimanantes de la patria potestad si el interés superior del menor, que puede incluir la seguridad de la víctima, no se puede garantizar de ninguna otra forma (art. 45 del Convenio del Consejo de Europa sobre prevención y lucha contra la violencia contra las mujeres y la violencia doméstica, hecho en Estambul el 11 de mayo de 2011)».

En cuanto a la motivación reforzada, el **Tribunal Constitucional a través de su sentencia n.º 2/2024, de 15 de enero, ECLI:ES:TC:2024:2**, señala que **en las sentencias en las que entra en juego el interés superior del menor deben contener una motivación reforzada, acerca de las razones que llevan a la adopción de determinadas medidas.**

Por lo tanto, una de las exigencias que se deriva directamente de la exigibilidad de atender al interés superior del menor, **es la imposición por parte de la doctrina del TC de un deber de motivación reforzada de la correspondiente resolución judicial.** En este sentido ya declaró la **STC n.º 138/2014, de 8 de septiembre, ECLI:ES:TC:2014:138**, «el canon de razonabilidad constitucional deviene más exigente por cuanto que se encuentran implicados valores y principios de indudable relevancia constitucional, al invocarse por el demandante de amparo el principio del interés superior del menor que tiene su proyección constitucional en el art. 39 CE y que se define como rector e inspirador de todas las actuaciones de los poderes públicos, tanto administrativas como judiciales».

Se trata de un canon reforzado por la conexión con el principio de interés del menor, de tal forma que la fundamentación judicial debe entenderse lesiva desde la perspectiva constitucional desde el momento en que hay una absoluta falta de ponderación del citado principio a la hora de decidir.

Así, cuando se tengan que sopesar distintos intereses para tomar una decisión sobre una cuestión debatida, ha de ser primordial el interés superior del menor.

La Ley Orgánica 1/1996, de 15 de enero, de protección jurídica del menor, establece, en su art. 2, los **criterios generales** que deberán ser tenidos en cuenta a la hora de interpretar y aplicar el interés superior del menor (sin perjuicio de los establecidos en la legislación específica aplicable, así como de aquellos otros que puedan estimarse adecuados atendiendo a las circunstancias concretas del supuesto):

«a) La protección del derecho a la vida, supervivencia y desarrollo del menor y la satisfacción de sus necesidades básicas, tanto materiales, físicas y educativas como emocionales y afectivas.

b) La consideración de los deseos, sentimientos y opiniones del menor, así como su derecho a participar progresivamente, en función de su edad, madurez, desarrollo y evolución personal, en el proceso de determinación de su interés superior.

c) La conveniencia de que su vida y desarrollo tenga lugar en un entorno familiar adecuado y libre de violencia. Se priorizará la permanencia en su familia de origen y se preservará el mantenimiento de sus relaciones familiares, siempre que sea posible y positivo para el menor. En caso de acordarse una medida de protección, se priorizará el acogimiento familiar frente al residencial. Cuando el menor hubiera sido separado de su núcleo familiar, se valorarán las posibilidades y conveniencia de su retorno, teniendo en cuenta la evolución de la familia desde que se adoptó la medida protectora y primando siempre el interés y las necesidades del menor sobre las de la familia.

d) La preservación de la identidad, cultura, religión, convicciones, orientación e identidad sexual o idioma del menor, así como la no discriminación del mismo por éstas o cualesquiera otras condiciones, incluida la discapacidad, garantizando el desarrollo armónico de su personalidad».

En otro orden de cuestiones, la Ley 1/1996, de 15 enero, también recoge que estos criterios deben ponderarse teniendo en cuenta los siguientes elementos generales:

«a) La edad y madurez del menor.

b) La necesidad de garantizar su igualdad y no discriminación por su especial vulnerabilidad, ya sea por la carencia de entorno familiar, sufrir maltrato, su discapacidad, su orientación e identidad sexual, su condición de refugiado, solicitante de asilo o protección subsidiaria, su pertenencia a una minoría étnica, o cualquier otra característica o circunstancia relevante.

c) El irreversible efecto del transcurso del tiempo en su desarrollo.

d) La necesidad de estabilidad de las soluciones que se adopten para promover la efectiva integración y desarrollo del menor en la sociedad, así como de minimizar los riesgos que cualquier cambio de situación material o emocional pueda ocasionar en su personalidad y desarrollo futuro.

e) La preparación del tránsito a la edad adulta e independiente, de acuerdo con sus capacidades y circunstancias personales.

f) Aquellos otros elementos de ponderación que, en el supuesto concreto, sean considerados pertinentes y respeten los derechos de los menores».

Es decir, estamos ante «una lista abierta que permite considerar cualquier elemento que sea relevante en cada ocasión y respecto del menor que se vaya a ver afectado por la medida» (**STS n.° 705/2021, de 19 de octubre, ECLI:ES:TS:2021:3863**).

Así, la **sentencia del Tribunal Supremo n.° 234/2024, de 21 de febrero, ECLI:ES:TS:2024:1097**, es muy ilustrativa al respecto y reza el tenor literal siguiente:

«El interés superior del menor es la regla áurea o criterio primordial, que debe inspirar las decisiones de las autoridades administrativas o judiciales que adopten medidas relativas a los menores, los cuales, por su corta edad, carecen de los resortes emocionales necesarios y madurez de juicio suficiente para velar por sus propios intereses; todo ello, con la finalidad de que no sufran ni experimenten situaciones peyorativas, que les dejen huella, que dificulten el desarrollo ulterior de su personalidad, así como su futura integración en la vida social.

La infancia es un periodo decisivo del desarrollo de las personas, que debe ser protegido para evitar eventuales perjuicios en la integración posterior en el mundo de los adultos, de manera tal que sucesos vividos no se proyecten negativamente sobre quien los experimente, incluso mediante el padecimiento de trastornos psicológicos por traumas sufridos. Consecuentemente, el beneficio de los menores exige apartarlos de situaciones de riesgo, brindarles frente a ellas, con la finalidad de preservar ese interés superior que cuenta con raíces en el mandato de rango constitucional, dirigido a los poderes públicos, de asegurar la protección integral de los hijos, así como, en general, de los niños y de las niñas según las previsiones de los acuerdos internacionales que garantizan sus derechos (art. 39.2 y 4 CE)».

Por su parte, la **sentencia del Tribunal Supremo n.º 129/2024, de 5 de febrero, ECLI:ES:TS:2024:694,** aborda el significado del interés superior del menor y pone en evidencia su trascendencia en la decisión de los procesos en que se adoptan medidas referentes a los niños y a las niñas, al considerarlo:

- Como un **principio axiológico preferente en la solución de las controversias** judicializadas sobre las medidas relativas a los menores, concebido incluso como bien constitucional.

- Como un **concepto jurídico indeterminado**, a través del cual deberán de ponderarse todas las circunstancias concurrentes para apreciar en dónde radica dicho interés en cada específico supuesto sometido a consideración.

- Que se **integra en el marco propio del orden público** con todo el significado que conlleva.

- Que **opera como límite a la autonomía de la voluntad de los progenitores** en los negocios jurídicos de familia con respecto a las medidas referentes a los hijos menores de edad.

- Que **es constitutivo de un principio de aplicación preferente** en casos de imposibilidad de armonizarlo con los otros intereses convergentes, como son los de los progenitores u otros familiares o allegados.

- Que su valoración, en cada caso, **precisa de un estándar de motivación reforzada** que supera el ordinario de una resolución judicial; (vii) opera como un instrumento de flexibilización del rigor procesal para obtener su aplicación.

- Que **es susceptible de apreciación mediante el auxilio de ciencias extrajurídicas como la psicología**, aunque la última decisión al respecto corresponde siempre a los órganos jurisdiccionales, que son a quienes compete valorar dichos dictámenes, bajo los condicionantes de la proscripción de la arbitrariedad, respeto a las reglas de la lógica y obligación de motivar las sentencias.

> **A TENER EN CUENTA**. Los anteriores elementos deberán ser valorados conjuntamente, conforme a los principios de necesidad y proporcionalidad, de forma que, la medida que se adopte en el interés superior del menor no restrinja o limite más derechos que los que ampara.

Respecto de los principios y criterios de ponderación, anteriormente indicados, se ha pronunciado la **sentencia del Tribunal Supremo n.º 540/2015, de 15 de octubre, ECLI:ES:TS:2015:4159,** al establecer en su fundamento de derecho tercero que:

> «(...) Las medidas que deben adoptarse respecto del menor son las que resulten más favorables para el desarrollo físico, intelectivo e integración social del menor contemplando el posible retorno a la familia natural siempre que sea compatible con las medidas más favorables al interés del menor (STS de 31 de julio de 2009).

Según la observación general n.º 14 (2013) del Comité de los derechos del niño en al ámbito de las Naciones Unidas, el interés superior del niño tiene tres dimensiones "A) Un derecho sustantivo: el derecho del niño a que su interés superior sea una consideración primordial que se evalúe y tenga en cuenta al sopesar distintos intereses para tomar una decisión sobre una cuestión debatida, y la garantía de que ese derecho se pondrá en práctica siempre que se tenga que adoptar una decisión que afecte a un niño, a un grupo de niños concreto o genérico o a los niños en general. El artículo 3, párrafo 1, establece una obligación intrínseca para los Estados, es de aplicación directa (aplicabilidad inmediata) y puede invocarse ante los tribunales. B) Un principio jurídico interpretativo fundamental: si una disposición jurídica admite más de una interpretación, se elegirá la interpretación que satisfaga de manera más efectiva el interés superior del niño... C) Una norma de procedimiento: siempre que se tenga que tomar una decisión que afecte a un niño en concreto, a un grupo de niños concreto o a los niños en general, el proceso de adopción de decisiones deberá incluir una estimación de las posibles repercusiones (positivas o negativas) de la decisión en el niño o los niños interesados. La evaluación y determinación del interés superior del niño requieren garantías procesales (...)".

Consecuencia del mandato del artículo 39 de la Constitución, de los cambios sociales y de la doctrina que se ha ido creando sobre protección de menores, ha sido la reciente publicación de la Ley Orgánica 8/2015, de 22 julio, de modificación del sistema de protección a la infancia y a la adolescencia y de la Ley 26/2015, de 28 julio de idéntica finalidad (...)».

CUESTIÓN

¿Qué ocurre cuando concurre cualquier otro interés legítimo junto al interés superior del menor?

En estos casos, cuando junto al interés superior del menor concurra cualquier otro interés legítimo, deberán priorizarse las medidas que, respetando el interés superior del menor, respeten también los otros intereses legítimos presentes. Si no fuese posible respetarlos todos, deberá **primar el interés superior del menor** sobre cualquier otro. Con relación a esta cuestión podemos citar la **sentencia del Tribunal Supremo n.º 438/2021, de 22 de junio, ECLI:ES:TS:2021:2550**, que recoge que:

«En definitiva, "[...] el criterio que ha de presidir la decisión que en cada caso corresponda adoptar al Juez, a la vista de las circunstancias concretas, debe ser necesariamente el del interés prevalente del menor, ponderándolo con el de sus progenitores, que aun siendo de menor rango, no por ello resulta desdeñable" (sentencias del Tribunal Constitucional 141/2000, de 29 de mayo, FJ 5; 124/2002, de 20 de mayo, FJ 4; 144/2003, de 14 de julio, FJ 2; 71/2004 , de 19 de abril, FJ 8; 11/2008, de 21 de enero, FJ 7, 16/2016, de 1 de febrero, FJ 6).O dicho en palabras de la sentencia de esta Sala 319/2016, de 13 de mayo: "[...] en caso de que no puedan respetarse todos los intereses legítimos concurrentes, deberá primar el interés superior del menor sobre cualquier otro interés legítimo que pudiera concurrir" (sentencias de 26 de noviembre de 2015, rec. 36 de 2015 y de 27 de octubre de 2015, rec. 2664 de 2014). Ahora bien, no es éste el caso del litigio que nos ocupa, en el que los intereses del hijo menor están garantizados y no son incompatibles con los de su padre, sino susceptibles de satisfacción conjunta y coordinada».

Tanto las resoluciones de cualquier orden jurisdiccional, como las medidas adoptadas en el interés superior del menor, deberán adoptarse respetando las garantías del proceso y, en concreto (art. 2 de la LO 1/1996, de 15 de enero):

«a) Los derechos del menor a ser informado, oído y escuchado, y a participar en el proceso de acuerdo con la normativa vigente.

b) La intervención en el proceso de profesionales cualificados o expertos. En caso necesario, estos profesionales han de contar con la formación suficiente para determinar las específicas necesidades de los niños con discapacidad. En las decisiones especialmente relevantes que afecten al menor se contará con el informe colegiado de un grupo técnico y multidisciplinar especializado en los ámbitos adecuados.

c) La participación de progenitores, tutores o representantes legales del menor o de un defensor judicial si hubiera conflicto de interés o discrepancia con ellos y del Ministerio Fiscal en el proceso en defensa de sus intereses. Se presumirá que existe un conflicto de interés cuando la opinión de la persona menor de edad sea contraria a la medida que se adopte sobre ella o suponga una restricción de sus derechos.

d) La adopción de una decisión que incluya en su motivación los criterios utilizados, los elementos aplicados al ponderar los criterios entre sí y con otros intereses presentes y futuros, y las garantías procesales respetadas.

e) La existencia de recursos que permitan revisar la decisión adoptada que no haya considerado el interés superior del menor como primordial o en el caso en que el propio desarrollo del menor o cambios significativos en las circunstancias que motivaron dicha decisión hagan necesario revisarla. Los menores gozarán del derecho a la asistencia jurídica gratuita en los casos legalmente previstos».

CUESTIONES

1. ¿Puede denegarse la audiencia de los menores en un procedimiento de nulidad, separación o divorcio que les afecte, alegando su interés superior?

Sí, el Tribunal Supremo, en sentencia n.º 87/2022, de 2 de febrero, ECLI:ES:TS:2022:356, recoge que: «Siempre que en vía administrativa o judicial se deniegue la comparecencia o audiencia de los menores directamente o por medio de persona que le represente, **la resolución será motivada en el interés superior del menor** y comunicada al Ministerio Fiscal, al menor y, en su caso, a su representante, indicando explícitamente los recursos existentes contra tal decisión. En las resoluciones sobre el fondo habrá de hacerse constar, en su caso, el resultado de la audiencia al menor, así como su valoración».

2. ¿El interés del menor debe coincidir con la voluntad que manifieste en su exploración?

No, nuestro Alto Tribunal se ha pronunciado en numerosas ocasiones sobre este aspecto, en el sentido de considerar que: «El interés de la menor no ha de coincidir necesariamente con su voluntad que, como en este caso ha considerado la Audiencia, puede estar condicionada por alguno de los progenitores en perjuicio del otro». STS n.º 206/2018, de 11 de abril, ECLI:ES:TS:2018:1351.

Para dar más luz a la anterior cuestión, es interesante traer a colación la **sentencia de la Audiencia Provincial de Madrid n.º 193/2023, de 23 de marzo,**

ECLI:ES:APM:2023:5455, que señala, que, ciertamente la opinión de los menores no es vinculante, en orden a adoptar la decisión más conveniente para ellos, por lo que, las limitaciones de capacidad de los mismos han de interpretarse de forma restrictiva y, en todo caso, siempre en interés superior del menor: «El niño no decide, pues no se le reconoce esa capacidad, pero su voluntad, expresada de forma coherente, y seria, sobre todo si el menor es una niña juiciosa como ocurre con Natalia, quien da razones coherentes y bien argumentadas, de su deseo, no puede tampoco ser este ignorado. Natalia expresa claramente que no desea el cambio que su padre pretende».

Podemos concluir que, **a la hora de determinar la guarda y custodia debe ser el interés del menor el factor que condicione y determine el sentido en el que deban pronunciarse nuestros tribunales**, debiendo preservarse este derecho frente a cualquier otro que pueda entrar en colisión con el mismo. En consecuencia, en los procedimientos de divorcio, tal y como establece la **sentencia del Tribunal Supremo n.º 131/2022, de 21 de febrero, ECLI:ES:TS:2022:694**, analizando el sistema de custodia compartida:

«(...) "se prima el interés del menor y este interés, que ni el artículo 92 del Código Civil ni el artículo 9 de la Ley Orgánica 1/1996, de 15 de enero, de Protección Jurídica del Menor, define ni determina, exige sin duda un compromiso mayor y una colaboración de sus progenitores tendente a que este tipo de situaciones se resuelvan en un marco de normalidad familiar que saque de la rutina una relación simplemente protocolaria del padre no custodio con sus hijos que, sin la expresa colaboración del otro, termine por desincentivarla tanto desde la relación del no custodio con sus hijos, como de estos con aquel". Lo que se pretende es aproximar este régimen al modelo de convivencia existente antes de la ruptura matrimonial y garantizar al tiempo a sus padres la posibilidad de seguir ejerciendo los derechos y obligaciones inherentes a la potestad o responsabilidad parental y de participar en igualdad de condiciones en el desarrollo y crecimiento de sus hijos, lo que parece también lo más beneficioso para ellos».

La **STS n.º 705/2021, de 19 de octubre, ECLI:ES:TS:2021:3863**, también se pronuncia sobre el interés del menor, considerando que, en aras a dicho interés, debe aplicarse un criterio flexible a la hora de aportar documentación al proceso:

«Esta jurisprudencia de la sala está en línea con la doctrina del Tribunal Constitucional, que ha reiterado que "el principio del interés superior del menor debe inspirar y regir toda la actuación jurisdiccional que se desarrolla en los procesos de familia y que, por la prevalencia de este principio constitucional de tuición sobre las normas procesales, la tramitación de dichos procesos debe estar presidida por un criterio de flexibilidad procedimental (STC 65/2016, de 11 de abril), quedando ampliadas la facultades del juez en garantía del interés que ha de ser tutelado (STC 4/2001, de 15 de enero, FJ 4). Ello significa que, dada la extraordinaria importancia que reviste la materia, se debe ofrecer una amplia ocasión para realizar alegaciones a quienes ostentan intereses legítimos en la decisión a tomar, así como para aportar documentos y todo tipo de justificaciones atendiendo a un menor rigor formal y a la exclusión de la preclusión, porque lo trascendental en ellos es su resultado (STC 187/1996, de 25 de noviembre, FJ 2)", tal como resume recientemente la STC 178/2020, de 14 de diciembre, y esta sala ha venido reiterando hasta la saciedad».

Por último, cabe traer a colación la **Ley Orgánica 8/2021, de 4 de junio, de protección integral de la infancia y la adolescencia frente a la violencia,** que entró el vigor el 25 de junio de 2021, y en la misma destaca la referencia al ejercicio positivo de la responsabilidad parental, como un concepto integrador que permite reflexionar sobre el papel de la familia en la sociedad actual y al mismo tiempo desarrollar orientaciones y recomendaciones prácticas sobre cómo articular sus apoyos desde el ámbito de las políticas públicas de familia, así se desprende de su exposición de motivos.

Por ello, con esta ley se establecen medidas destinadas a destinadas a favorecer y adquirir tales habilidades, siempre desde el punto de vista de la individualización de las necesidades de cada familia y **dedicando una especial atención a la protección del interés superior de la persona menor de edad en los casos de ruptura familiar y de violencia de género en el ámbito familiar.**

A TENER EN CUENTA. Se recomienda la lectura de la sentencia del Tribunal Supremo n.º 729/2025, de 12 de mayo, ECLI:ES:TS:2025:2151.

4.
ANÁLISIS JURISPRUDENCIAL DE LOS CASOS MÁS DESTACADOS DE CUSTODIA DE MENORES ATRIBUIDA A LOS ABUELOS O A OTROS PARIENTES

Casos más destacados de custodia de menores a terceros: abuelos u otros parientes

A la vista del **artículo 103.1.º del CC** existen **casos excepcionales en que la guarda y custodia de los menores se puede atribuir a persona distinta de sus progenitores,** incluso, como veremos, cuando estos conservan su patria potestad; así establece:

> «Excepcionalmente, los hijos podrán ser encomendados a los abuelos, parientes u otras personas que así lo consintieren y, de no haberlos, a una institución idónea, confiriéndoseles las funciones tutelares que ejercerán bajo la autoridad del juez».

Introducida la **referencia expresa «a los abuelos, parientes u otras personas que así lo consintieren»** en la reforma operada en el CC por la Ley **42/2003, de 21 de noviembre,** corresponde a continuación examinar alguno de los supuestos más llamativos de custodia de terceros existiendo alguno o ambos progenitores, con especial referencia a los casos en que se atribuye a los abuelos:

- En caso de desinterés de los progenitores.
- En caso de fallecimiento de uno o de ambos progenitores.
- En caso de toxicomanía, drogadicción o ingreso en prisión de progenitores.
- En casuísticas que, así, lo aconsejen.

4.1. Atribución de la custodia de menores a los abuelos por desinterés de los progenitores

Custodia de menores en caso de desinterés de los progenitores

Los supuestos en que los progenitores muestran desinterés respecto de la atención de los hijos no han sido generalmente motivo de privación de la custodia de aquellos sin que resulte acreditado el desamparo de los menores. En estos casos lo habitual viene siendo que se solicite la privación de la patria potestad de los progenitores para, una vez hecho esto, atribuirle la custodia bien a algún familiar o bien a una institución, lo cual dilata en el tiempo la situación de los menores.

Ante un supuesto de esta naturaleza, ha resultado **pionero el caso planteado ante un juzgado de primera instancia de la provincia de Pontevedra**, en que, tras serle devuelta la causa por la audiencia provincial de esa misma provincia —auto n.º 25/2023, de 6 de febrero, ECLI:ES:APPO:2023:909A—, se ha atribuido la guarda y custodia de unos menores a sus abuelos sin haber privado a los progenitores —en los que solo concurre una falta de interés respecto de sus hijos— de su patria potestad.

‖ ¿Cuáles son las circunstancias del caso?

En este supuesto nos encontramos ante una pareja con dos hijos en común que, tras poner fin a su relación, deciden que la custodia se le atribuya a la progenitora, mientras que al progenitor se le reconoce un régimen de visitas junto con la obligación de pagar una pensión de alimentos de 150 € por hijo.

La progenitora ante la nueva situación se traslada con los dos menores al domicilio de los abuelos maternos que, a partir de ese momento, pasan a hacerse cargo de todos los cuidados y atenciones de los menores. El progenitor se desentendió completamente de los menores y la progenitora, poco tiempo después, se trasladó a otro domicilio dejándoles con los abuelos.

Para facilitar la convivencia de los menores con los abuelos, los progenitores, de común acuerdo, deciden otorgar escritura pública en la que reconocen la situación de los menores y conceden a los abuelos las más amplias facultades en relación con los niños para que puedan llevar a cabo y gestionar cualesquiera actuaciones y documentos necesarios respecto de los mismos.

No obstante, los **abuelos consideran necesario acudir a los tribunales en este caso para dar forma legal a la situación de hecho que se viene dando y así evitar posibles eventualidades que pudieran darse** para las que no estuvieran legitimados, es por ello que se plantea **demanda solicitando la guarda y custodia de los menores con régimen de visitas y comunicaciones con los progenitores** y la contribución de estos mediante una **pensión de alimentos** que deberían sufragar ambos.

|| Desarrollo del caso: legitimación de los abuelos

La demanda planteada por los abuelos fue **desestimada en primera instancia** alegando el motivo reproducido en el **auto de la Audiencia Provincial de Pontevedra n.° 25/2023, de 6 de febrero, ECLI:ES:APPO:2023:909A**, en los siguientes términos:

> «(…) inadmitió la demanda presentada al considerar que, de acuerdo con los arts. 103, 154 y 170 del Código Civil, los **demandantes carecen de legitimación activa para ejercitar la acción deducida**, ya que, primero, la pretensión de adopción de medidas paterno filiales respecto de sus nietos, **carece de cobertura legal**, y, segundo, en todo caso, **exigiría que, previamente, se suspenda o prive en el ejercicio de la patria potestad a ambos progenitores**, lo que aquí no sucede (…)».

Por lo tanto, el problema que se plantea en este supuesto no se refiere en esta primera instancia a la custodia de los abuelos en sí, sino a la **falta de legitimación activa** de los mismos para solicitar las medidas respectos de los menores cuando subsisten ambos progenitores con capacidad para ejercer tales acciones como únicos legitimados. Es por ello que se presenta **recurso de apelación frente a dicha desestimación, pronunciándose la Audiencia Provincial de Pontevedra al respecto**, la cual, si bien, no entra en el fondo del asunto, sí realiza un análisis de las circunstancias que permite posteriormente al juzgado de primera instancia resolver lo oportuno en este caso, como veremos más adelante.

Pero ¿cuál es el motivo por el que los abuelos fundamentan su recurso de apelación? Señala como tal el citado **AAP de Pontevedra n.° 25/2023, de 6 de febrero, ECLI:ES:APPO:2023:909A:**

> «(…) la **infracción del art. 24 CE** en relación con el art. 103 CC y la **jurisprudencia que lo interpreta**, puesto que nos hallamos ante una situación excepcional en la que ni la madre de los menores cumple con sus obligaciones como progenitora custodia, ni el padre con su obligación de abonar la pensión de alimentos, habiendo sido los demandantes los que llevan años haciéndose cargo de todos los cuidados y atenciones que requieren los menores, y, además, afrontan todos los gastos relativos a los mismos, todo lo cual pone de manifiesto la **necesidad de tutelar el interés superior de los menores por el que han de velar las instituciones públicas y que justifica una interpretación flexible del citado precepto**, conforme tiene declarado reiterada doctrina jurisprudencial».

Así pues, entra la audiencia a razonar lo relativo a la legitimación activa de los abuelos aludiendo como **argumento fundamental a la primacía del interés superior del menor,** para ello cita diversa jurisprudencia al respecto en la que se reflejan ejemplos de casos en que, pese a la existencia de ambos o de uno de los progenitores, la custodia de los menores fue atribuida a otras personas por entender que era lo más conveniente para los intereses de aquellos.

Entiende la audiencia que constituye un **principio esencial la interpretación de la norma conforme a la primacía del superior interés del menor** y recuerda que «(...) la jurisprudencia ha proclamado como principio rector de los procesos sobre medidas de protección de los menores la necesidad de que prevalezca su interés como principio prioritario, evitando que la formalidad de la controversia procesal pueda perjudicarlo (SSTS 21 de diciembre de 2001, 12 de julio de 2004, 23 de mayo de 2005 y 31 de julio de 2009)».

Pues bien, la AP de Pontevedra, sin entrar a resolver sobre el fondo del asunto y aplicando la jurisprudencia sobre el interés superior del menor, decide reconocer la **legitimación activa de los abuelos para presentar la demanda de solicitud de guarda y custodia de los menores en tanto son titulares de una relación jurídica que les habilita para ello** y, además, añade como preludio sobre una posterior resolución sobre el fondo que:

> «En el presente caso, los demandantes fundan su legitimación en el hecho de que han sido quienes se han encargado de la atención y cuidado de los dos niños, al desentenderse sus padres de los deberes y funciones paterno filiales, situación que se prolonga desde hace varios años y que exige, **precisamente para salvaguardar el interés de los menores, que se reconozca o formalice mediante la atribución de la guarda y custodia**».

En la misma línea que la Audiencia Provincial de Pontevedra favorable a la legitimación activa de abuelos u otros familiares señaló el **auto de la Audiencia Provincial de Cádiz n.º 156/2020, de 7 de julio, ECLI:ES:AP-CA:2020:618A**, que:

> «Por todo ello y atendida la doctrina jurisprudencial expuesta hemos de afirmar que los guardadores de hecho de un menor tienen legitimación para solicitar la atribución de la guarda y custodia de ese menor al amparo de lo dispuesto en el artículo 158 del Código Civil que atribuye legitimación a para evitar cualquier perjuicio al menor, como se pretende con el ejercicio de la presente demanda».

No obstante, vista la postura anterior también existen **ejemplos de supuestos similares en que se ha negado legitimación a los abuelos para solicitar la custodia de los nietos**, de ahí lo novedoso del caso que estamos examinando, así citar, a título de ejemplo, el **auto de la Audiencia Provincial de Madrid n.º 244/2020, de 14 de mayo, ECLI:ES:APM:2020:4727A**, en el que se exige como requisito imprescindible para la actuación de la abuela solicitando la custodia que se haya suspendido o privado a los progenitores de la patria potestad:

> «(...) la demanda rectora de los presentes autos se limita a solicitar la guarda y custodia del menor a favor de su abuela, no solicitándose la privación de la patria potestad, por lo que la resolución apelada no incurre en vulneración de la jurisprudencia que cita, ya que la demanda no solicita la atribución de la guarda y custodia tras privar de la patria potestad a los progenitores conforme al artículo 170 del Código Civil.
> Para que pueda otorgarse a la abuela la tutela sobre el menor es preciso que previamente se suspenda o prive en el ejercicio de la patria potestad a ambos progenitores. No es posible tutelar a un menor que está sometido a patria potestad y no ha sido declarado en situación de desamparo (artí-

culo 222 del Código Civil). Y no es posible declarar al niño en situación de desamparo porque se halla precisamente al cuidado de su abuela, y por lo tanto debidamente protegido (artículo 172.1.2 del Código Civil). En conclusión, la **suspensión de la patria potestad o la privación de la misma son presupuesto previo e ineludible para la atribución de la guarda y custodia y la tutela del menor**».

> **A TENER EN CUENTA**. El artículo 222 del CC se ha visto modificado por la Ley 8/2021, de 2 de junio, con efectos desde el 3 de septiembre de 2021, por lo que alusión que hace el auto anterior al mismo se refiere a su contenido previo a esta reforma el cual se recoge ahora con referencia a los menores en situación de desamparo en el artículo 199 del CC.

|| Resolución del caso

Resuelto por la AP de Pontevedra lo relativo a la legitimación activa de los abuelos, la cual reconoce en una interpretación amplia del artículo 103 del CC en relación con el principio del superior interés del menor, decide la **admisión de la demanda y la continuación del procedimiento** conforme a los trámites legales. Superado el óbice procesal señalado, el **juzgado de primera instancia admite la demanda y entra a resolver el fondo del asunto acordando atribuir la custodia de los dos menores a los abuelos sin privar a los progenitores de la patria potestad, y estableciendo a su favor un régimen de vistas y comunicaciones de los menores y a su cargo una pensión de alimentos en beneficio de aquellos**. Para tal resolución se funda en:

- De un lado, la **falta absoluta de interés de los progenitores** que ha motivado la situación de hecho que los niños han vivido durante años siendo los abuelos los que se ocupan de ellos.

- De otro lado, el **interés superior de los menores**, ya que nada aconseja que sea más beneficioso para ellos que sean sus progenitores los que ejerzan la custodia cuando ellos mismos no muestran interés alguno en ello.

Finalmente, cabe destacar lo relevante y novedoso de este caso, ya que **no nos encontramos ante ninguno de los supuestos excepcionales en que generalmente se atribuye la custodia de menores a terceras personas**:

- No ha fallecido ninguno de los progenitores, ni siquiera se encuentran impedidos de ejercer sus deberes como tales ya que no concurre en ellos enfermedad o toxicomanía grave, ni se encuentran internados en establecimiento penitenciario.

- No se han visto privados ni suspendidos de su patria potestad, es más seguirán ostentándola aun cuando se les priva de la custodia de los menores.

- Los menores no se encuentran en situación de desamparo, en este sentido, ha declarado la jurisprudencia, **STS n.º 582/2014, de 27 de octubre, ECLI:ES:TS:2014:4243**, que: «(...) cuando un guardador de hecho preste a un menor la necesaria asistencia, supliendo el incumplimiento de los progenitores de los deberes de protección establecidos por las leyes respecto de la guarda de aquel, ni se excluye ni se impone declarar la situación de desamparo, debiendo ser las circunstancias concretas de la guarda de hecho, interpretadas al amparo del superior interés del menor, las determinantes a la hora de decidir la situación jurídica respecto de su eficaz protección».

Se trata, en definitiva, de una **simple falta de interés de los progenitores respecto de sus hijos y de una situación de hecho de cuidado y atención total por parte de los abuelos** que se viene dando desde que los niños eran muy pequeños. Será, por tanto, esta realidad social de los menores la que va a determinar la atribución de la custodia a los abuelos.

4.2. Atribución de la custodia de menores a los abuelos en caso de fallecimiento de uno o de ambos progenitores

Custodia de menores en caso de fallecimiento de uno o de ambos progenitores

El **fallecimiento de ambos progenitores constituye una de las causas de extinción de la patria potestad** previstas en el artículo 169 del CC. En este caso, en un primer momento, los menores quedarán a cargo bien de familiares o bien de alguna entidad pública al efecto como guardadores de hecho a los que se les podrán otorgar judicialmente facultades tutelares (arts. 237 y 238 del CC). Posteriormente, se decidirá sobre su tutela y a quién ha de corresponderle conforme a lo previsto en los artículos 199 y siguientes del CC. Así pues, en este caso se designará a un tutor que ejercerá su cargo en interés del menor (art. 227 del CC) y que estará obligado a velar por él en los términos del artículo 228 del CC. Se da prioridad, en cuando a la designación del tutor que va a velar por el menor, a las personas que designen los progenitores en la forma prevista legalmente y, después, a los ascendientes o hermanos que se designen judicialmente, pudiendo alterar esta prioridad si el interés superior del menor lo aconseja (art. 213 del CC).

En caso de **fallecimiento de uno solo de los progenitores** se infiere del artículo 156 del CC que corresponderá el ejercicio de la patria potestad exclusivamente al otro. Pero **¿qué sucede en este caso con la custodia de los hijos?, ¿es necesario que la ejerza siempre el progenitor subsistente?** La respuesta en este caso va a depender del interés superior del menor en cada caso concreto, si bien es cierto que la patria potestad pasa a ejercerse por ley automáticamente por el progenitor superviviente, salvo que ya la hubiese perdido antes, también lo es que no son pocos los casos en que la custodia de los hijos se atribuye a abuelos u otros parientes precisamente atendiendo a aquel interés y a la interpretación de la posibilidad contemplada en el artículo 103.1.° del CC, es decir, la atribución de la guarda y custodia al otro progenitor no será automática.

Esto último es especialmente llamativo en los casos en que los progenitores están separados y uno de ellos tiene atribuida la custodia de los hijos, fallecido el progenitor custodio, aunque generalmente se le atribuirá la guarda y custodia al progenitor no custodio que sobrevive, esta medida no es automática, pudiendo judicialmente atribuirse a otra persona más idónea atendiendo al interés superior del menor.

Introducidos los dos casos anteriores, adquieren relevancia los supuestos en los que ante el fallecimiento de uno o de ambos progenitores son los abuelos los que van a ejercer la guarda y custodia de los menores existentes en cada caso. A continuación, se examinará algún caso ejemplificativo de estas situaciones.

Un **primer caso** es el previsto en la **sentencia de la Audiencia Provincial de Santa Cruz de Tenerife n.º 453/2015, de 22 de septiembre, ECLI:ES:AP-TF:2015:2209**. En ella se plantea un supuesto de progenitores que han puesto fin a su relación con un hijo en común cuya custodia se atribuye a la progenitora, la cual está enferma y se traslada a vivir al domicilio de sus progenitores, abuelos del menor, los cuales pasan a hacerse cargo de este dadas las circunstancias de la progenitora, la cual finalmente fallece. A partir de este momento, el menor sigue bajo el cuidado de los abuelos maternos sin que su progenitor tenga iniciativa alguna para ejercer la guarda y custodia del mismo.

Meses después del fallecimiento de su hija, los abuelos maternos deciden solicitar judicialmente la guardia y custodia del menor. **En primera instancia se estima la demanda de los abuelos otorgándoles la guarda y custodia del menor**, conservando el progenitor no custodio la patria potestad y estableciendo a su favor un régimen de visitas, así como a su cargo una pensión de alimentos.

El progenitor no custodio decide recurrir esta sentencia en apelación solicitando para sí la guarda y custodia sin haber, hasta entonces, mostrado interés al respecto, por lo que la audiencia decide desestimar el recurso de apelación y confirmar íntegramente la sentencia de primera instancia. Para ello, atiende, fundamentalmente al interés superior del menor, y declara:

> «(...) la decisión de atribuir la custodia a los abuelos maternos debe considerarse adecuada y ponderada a las circunstancias del caso y la más idónea para el menor, o, si hemos de concentrarnos en las peculiaridades y circunstancias concretas, la menos perjudicial (STS 24 de abril de 2000, 12 de febrero de 1992 y 22 de mayo de 1993) y ello porque la alternativa supondría imponerle un cambio drástico en su vida y en contra de su voluntad. La sentencia de instancia no hace sino dar carta de naturaleza legal a una situación que venía manteniéndose de facto desde largo tiempo y sin objeción alguna por parte del padre desde que falleció la madre (...) parece obvio que han sido los abuelos los que han ejercido como padres y así es percibido y deseado por el menor».

En **segundo lugar**, especialmente llamativa puede resultar la **sentencia de la Audiencia Provincial de Melilla n.º 37/2022, de 27 de mayo, ECLI:ES:APML:2022:116**, en la que, a pesar de que la **conducta de la abuela** materna pueda resultar reprochable en cuanto a la relación de las dos menores, sus nietas, con el progenitor no custodio, se mantiene la custodia de aquella sobre las nietas atendiendo al interés superior de estas.

Antes de entrar en el examen de las dos peticiones, cabe destacar que, tras la ruptura de la pareja con dos hijas en común, la custodia de estas se atribuye a la progenitora, si bien, esta fallece y se constituye acogimiento familiar provisional y permanente de las menores a favor de la abuela materna, lo cual se mantiene y entre tanto esta última presenta demanda solicitando la guarda y custodia de las menores y una pensión de alimentos a cargo del progenitor. Ante esta solicitud, el progenitor formula reconvención reclamando para él la guarda y custodia. Esto último es estimado en primera instancia y confirmado en apelación cuando las menores tienen 3 años.

A consecuencia de lo anterior, la abuela interpone múltiples denuncias contra el progenitor de las menores para tratar de recuperarlas, momento a partir del cual las menores comienzan a manifestar su voluntad de vivir con la abuela. En una de las visitas a esta, las menores ya no son entregadas al progenitor por la abuela, la cual interpone una denuncia por maltrato del progenitor contra las niñas, respecto de la cual se dictó auto de sobreseimiento.

Desde este momento, las menores viven con su abuela sin que esta favorezca las relaciones, visitas y contacto con el progenitor, ni responda a los requerimientos de entrega que se le dirigen y ello motiva la resolución que estamos analizando la cual trae causa del recurso de apelación de la abuela materna solicitando la privación de la patria potestad del progenitor y, subsidiariamente, en caso de que se deniegue lo anterior, que se atribuya a la abuela materna la guarda y custodia de las menores.

Respecto de la patria potestad, resuelve la audiencia en este caso que:

> «En definitiva, como concluye la sentencia de instancia, no se ha constatado la excepcional gravedad de los incumplimientos ni tampoco que ello responda a la voluntaria decisión del padre sino más bien a la actuación unilateral de la abuela que retiene a las menores y aleja de ellas al padre con la denuncia y el proceso penal y se niega a entregarlas terminado el mismo, debiendo compartirse plenamente el criterio de la sentencia recurrida en el sentido de que no procede acordar la privación de la patria potestad».

Si bien respecto de la custodia, no existiendo pronunciamiento claro en la sentencia de instancia, entra a resolver la audiencia entendiendo que responde a la necesidad del interés de las menores resolver acerca de con quien han de vivir, con el progenitor o con la abuela y, en su caso, pronunciarse respecto al régimen de visitas y alimentos.

En este sentido, recuerda la sentencia que «La norma general debe ser que la guarda y custodia de cualquier menor, deba ser ostentada por sus propios progenitores y no por terceros, aun cuando éstos sean los propios abuelos del niño, atribución que se fundamenta en razones biológicas, afectivas, y de disposición y capacidad para hacerse cargo de las necesidades del niño (...) puede tener la excepción de que se atribuya la guarda y custodia a los abuelos, parientes, y otras personas idóneas, todo ello cuando concurran circunstancias extraordinarias, partiendo de la especial consideración de que debe ser el interés del niño y su voluntad manifestada, por encima del lógico deseo de cada uno de los progenitores de tenerlo consigo».

Así pues, en un caso como este, **el Derecho no puede desconocer que una interpretación estricta de la norma puede conllevar consecuencias perniciosas para los menores**, esto es así en tanto de los 15 años de vida de las menores, han vivido 13 con su abuela y los últimos 6 años de forma ininterrumpida sin contacto con el progenitor, por lo tanto, debe atenderse al interés superior de las menores y ello supone:

> «El interés de las menores exige tener en cuenta las circunstancias actuales, que las menores, llevan prácticamente toda la vida con la abuela, que están cuidadas y atendidas, que se hace cargo de ellas y que afronta todas sus necesidades materiales y morales. Las menores se encuentran tranquilas en un entorno estable y seguro y no puede redundar en su beneficio que, súbitamente, se vayan a vivir con su padre con el que no han mantenido contacto apenas en los últimos años, que desconoce sus necesidades y su evolución (...).
>
> La situación no tiene nada que ver con que existía en el año 2.010 cuando se atribuyó al padre la guarda y custodia (...).
>
> Cierto es que la abuela, de forma unilateral y por la vía de hecho, se las ha llevado, las ha tenido en su compañía y de alguna manera, ha influido en las menores para que quieran estar con ella y rechacen la figura paterna, pero como antes se ha expuesto, por reprochable que pueda ser la actuación de la abuela obviando las resoluciones judiciales que atribuyeron al padre la guarda y custodia y actuando unilateralmente y por su cuenta, lo primordial y lo más importante es el interés de los menores y por las circunstancias actuales, lo mejor para las mismas es que sigan viviendo con su abuela y cargo de esta, dando carta de naturaleza y legalizando una situación de hecho».

En definitiva, «(...) procede atribuir a la abuela la guarda y custodia sobre las dos menores manteniendo la patria potestad del padre y estableciendo un régimen de visitas a su favor que facilite el contacto y la interacción del padre con las menores, siendo lo deseable que su relación pueda mejorar y restablecerse el contacto entre ellos».

Otro supuesto de **custodia de la abuela materna por fallecimiento de la progenitora** se contempla en la **sentencia de la Audiencia Provincial de Navarra n.º 40/2022, de 1 de febrero, ECLI:ES:APNA:2022:195**. En este caso, el procedimiento se inicia por demanda de la abuela materna en la que reclama la guarda y custodia de su nieta tras el fallecimiento de la progenitora custodia y el establecimiento de una pensión de alimentos a cargo del progenitor.

Tras el divorcio de los progenitores, la menor pasó a estar bajo la custodia de la progenitora y vivir con ella, siendo la abuela materna la que se hacía cargo de ella mientras la progenitora trabajaba. Por su parte, el progenitor no custodio no se hacía cargo de la menor, si bien tras el nacimiento de esta la pareja reanudó su relación durante un tiempo en que aquella convivió con ambos pero, posteriormente, tras la ruptura definitiva, volvió al domicilio de la abuela materna donde permaneció hasta el fallecimiento de la progenitora y sigue al tiempo de la demanda.

El progenitor se opone a las peticiones de la abuela materna alegando que no ha desatendido a su hija, pero en la primera instancia se atribuye la custodia a la abuela materna «(...) con fijación de un régimen de visitas a favor del padre, así como de una pensión de alimentos de 150 € mensuales (...)», atendiendo fundamentalmente a la necesidad de proteger el interés superior de la menor que aconsejaba su permanencia en el mismo entorno que en los últimos años. Esta decisión es recurrida por el progenitor lo que motiva la sentencia que estamos examinando.

Para resolver el recurso se centra la audiencia en acreditar la situación de excepcionalidad que determine la atribución de la custodia a la abuela, para ello aplica la doctrina jurisprudencial existente al respecto en relación con casos semejantes, y destaca los siguientes aspectos:

- El carácter discontinuo e irregular de la relación de la menor con su progenitor.

- La convivencia durante los últimos años con su progenitora, hasta el fallecimiento de esta, y con su familia materna con la que continúa.

- La voluntad de la menor, ahora de 16 años, de continuar conviviendo con su abuela y familia materna.

A estos efectos, prescindiendo de otras declaraciones meramente subjetivas, la sentencia destaca los argumentos que la propia menor aduce cuando dice:

> «(...) argumenta los motivos por los que prefiere seguir conviviendo con su abuela y su familia materna. Sin tratar de poner en tela de juicio la capacidad de don Avelino para el ejercicio de su paternidad, si ha quedado acreditado que la relación con su hija Felicisima no es buena reprochándole esta la escasa habilidad para crear vínculos entre los dos; según Felicisima cuando está en casa no le atiende, no habla con ella, no se preocupa por sus necesidades etc. Además, es un hecho acreditado y a tener en cuenta que la convivencia con su hija durante la infancia ha sido escasa lo que en principio puede dificultar la convivencia ahora en un momento en que la menor está pasando ya a la adolescencia periodo en el que por regla general las relaciones entre padres e hijos se hacen más conflictivas».

Por todo ello, considera la AP de Navarra **acreditada la situación de excepcionalidad que justifica la atribución de la custodia a la abuela materna** y declara:

> «A la vista de ello entendemos que se dan todas las circunstancias para considerar acreditada la situación de excepcionalidad que conforme al contenido del artículo 103 CC permite la atribución de la guarda y custodia de la menor a la abuela materna. No se pretende con ello romper los lazos entre padre e hija sino mantener la estabilidad de Felicisima.
> A la vez y en un intento de que se vaya recuperando esa relación entre el padre y la hija, se considera oportuno, si no es posible por la edad de Felicisima fijar un plazo expreso para que reintegre al domicilio paterno sí

el establecimiento de un régimen de visitas lo suficientemente amplio para que permita a don Avelino fomentar la relación con su hija, reforzando los vínculos entre ambos con el fin de conseguir normalizar la misma. Siendo, en este sentido, amplio el régimen de visitas fijado en primera instancia procede su mantenimiento».

4.3. Atribución de la custodia de menores a los abuelos por toxicomanía, drogadicción o ingreso en prisión de progenitores

Custodia de menores en caso de toxicomanía, drogadicción o ingreso en prisión de los progenitores

En primer lugar, cabe mencionar lo señalado en el **artículo 94 del Código Civil**, «la autoridad judicial podrá **limitar o suspender** los derechos previstos en los párrafos anteriores **si se dieran circunstancias relevantes que así lo aconsejen o se incumplieran grave o reiteradamente los deberes impuestos por la resolución judicial**».

A este respecto, y a modo de ejemplo, es interesante el supuesto enjuiciado por la **Audiencia Provincial de Oviedo en su sentencia n.° 439/2018, de 27 de noviembre, ECLI:ES:APO:2018:3682**, donde se resuelve un recurso de apelación contra la sentencia del juzgado de primera instancia que desestima la demanda interpuesta por el padre de una menor solicitando la privación de la patria potestad de la madre de la misma por incumplimiento de los deberes inherentes a la misma.

En este caso la menor está **bajo la guarda y custodia de los abuelos maternos**, ya que su madre desde el año 2014 no se ha implicado en modo alguno en lo concerniente a la atención integral de su hija. Aunque reside con sus padres, ha pasado temporadas con parejas posteriores habiendo tenido dos hijos más. La progenitora pese a afirmar que está intentando encauzar su vida, son sus padres los que se encargan de la tarea de cuidado de su hija y, además, no comparece ni siquiera a la vista. Todo ello evidencia una **dejación total de las funciones más elementales de custodia, situación que se prolonga en el tiempo**, sin que haya demostrado a lo largo de los años verdadero deseo y voluntad de revocar la situación de guarda y custodia de su hija menor, que, como decimos, lleva desde el año 2014 con sus abuelos.

Por otro lado, **el padre de la menor no está tampoco en condiciones de asumir la guarda y custodia de su hija**, pues se encuentra en prisión y carece de ingresos y un medio de forma de vida que le permita asumir la custodia en las condiciones y requisitos de estabilidad que requiere el cuidado de una menor.

A la vista de todo lo anterior, **¿cuál es el fallo de la audiencia?** La AP de Oviedo **estima** el recurso de apelación del progenitor y declara que la madre de la menor quede privada de la patria potestad sobre su hija, pero sin que ello conlleve a que deba modificarse la situación actual de guarda y custodia de los abuelos maternos, pues como ya se ha dicho, ambos progenitores están en la misma situación en la que ninguno de ellos puede asumir en condiciones la guarda y custodia de la hija de ambos.

Otro caso interesante se contempla en la **sentencia de la Audiencia Provincial de Sevilla n.º 140/2024, de 20 de marzo, ECLI:ES:APSE:2024:282**, en la que se atribuye la guarda y custodia a la abuela materna con un régimen de visitas y estancias del menor con su padre. En este caso, la abuela materna se viene ocupando del cuidado de su nieto del que tiene atribuida su guarda y custodia. Asimismo, los progenitores se han desatendido de todo lo concerniente al menor, a excepción de algún encuentro esporádico, por lo que tienen suspendidas las facultades propias del ejercicio de la patria potestad.

El progenitor recurre la guarda y custodia de la abuela materna alegando que han cesado las circunstancias por las que no podía atender el menor cuando se dictó la resolución en primera instancia, estas son, su **ingreso en prisión y posterior tratamiento de rehabilitación**. En este sentido, apreciando las circunstancias concurrentes en el caso y el interés del menor señala la audiencia:

> «(...) descontado que la situación de la madre del menor le incapacita para cualquier desempeño de funciones parentales, al extremo de que sus otros hijos han sido declarados en desamparo y están acogidos por las Administraciones Públicas, debe valorarse si el interés del menor pasa por la guarda y custodia paterna.
>
> Y en este sentido, el relato de hechos probados de la sentencia, que no se ataca en lo sustancial, recoge que el menor ha vivido siempre con su abuela, que el padre ha estado ausente e incapacitado (tanto por la condena de cárcel como por sus adicciones) para el desempeño de sus funciones parentales, que recayeron en la abuela.
>
> También ha quedado sentado que el apelante no presta alimentos a su hijo, lo que se intenta justificar explicando que su situación penal le impide tener cuentas bancarias.
>
> Estos hechos aconsejan **mantener el régimen establecido en la sentencia**. Ahora bien, el **interés del menor pasa igualmente por el establecimiento de un régimen de estancias y visitas con su padre y su hermano**.
>
> De hecho, en la demanda se pidió y en los escritos de la defensa de la abuela se dice que no hay ningún inconveniente en su establecimiento.
>
> Así las cosas, se establece , **en defecto de acuerdo entre las partes, un régimen de estancias normalizado y que se detalla en el fallo**, buscando el paulatino establecimiento de vínculos de apego entre el menor y su padre».

¿El ingreso en prisión de los progenitores impide ejercer la patria potestad?

El ingreso en prisión de los progenitores no es motivo suficiente para que sean privados de la patria potestad, y así lo declaran en distintas sentencias los tribunales.

A modo de ejemplo, y dada su claridad, cabe citar la **sentencia de la Audiencia Provincial de A Coruña n.º 281/2009, de 25 de junio, ECLI:ES:APC:2009:1782,** que entiende que el distanciamiento o alejamiento durante un tiempo de un menor, consecuencia de haber sido el progenitor privado de libertad, no constituye causa suficiente para privarle de la patria potestad, sin perjuicio de la posible existencia de desavenencia con la madre, y considera que el principio del interés superior del menor no sería salvaguardado de privarse al padre de la patria potestad.

Otro ejemplo, lo encontramos en la **sentencia de la Audiencia Provincial de Zaragoza n.º 461/2004, de 23 de julio, ECLI:ES:APZ:2004:2015,** en este caso se limita el ejercicio de la patria potestad del padre hasta que este salga de la cárcel:

> «Los derechos de los menores e incapacitados son objeto de una atención especial y prioritaria sobre los de sus padres, que han de quedar supeditados en aras a una mejor atención de las funciones integradas en la patria potestad. Por ello, en casos como el de autos, en el que el padre, por su ingreso en prisión, se encuentra imposibilitado para el ejercicio de función tan trascendente, queda plenamente justificada la atribución a la madre del ejercicio de la expresada potestad, sin que ello deba entenderse como sanción al padre, sino como medida adecuada y necesaria para la debida atención de las necesidades del hijo, sin perjuicio de que se prevea su cese desde el momento en que desaparezca aquel impedimento que hace inviable el ejercicio de la patria potestad».

En el mismo sentido, la **sentencia de la Audiencia Provincial de Burgos n.º 244/2021, de 21 de junio, ECLI:ES:APBU:2021:698,** que reza el tenor literal siguiente:

> «No puede añadirse como implícito a toda pena privativa de libertad, por cualquier delito, la consecuencia de una suspensión de la patria potestad. Si ya nuestro C. Civil en su art. 160 viene posibilitando esa continuación de las visitas con los hijos menores (con las debidas cautelas), parece lógico que esa estancia en prisión **no implique per se, suspensión del ejercicio de otros derechos no afectados por la pena**».

¿El consumo ocasional o esporádico de drogas puede privar a los progenitores de la guarda y custodia?

En cuanto a cómo afecta a la guarda y custodia el consumo ocasional de drogas, a modo ilustrativo, vamos a utilizar los argumentos de la **sentencia de la Audiencia Provincial de A Coruña n.º 186/2013, de 25 de junio, ECLI:ES:APC:2013:1942,** en la que se prueba que, si bien, la madre sí ha consumido drogas ocasionalmente, este hecho no ha tenido nunca una incidencia negativa en su actitud y comportamiento respecto del menor o el estado y cuidado de este. La audiencia entiende que es un **error utilizar posturas maximalistas y tajantes sobre el consumo de drogas,** sin matizaciones, y que este hecho sea por sí solo lo que determine la decisión sobre la guarda y custodia o que justifique la alteración de la situación natural de custodia.

Por lo tanto, **el consumo de estupefacientes ha de tener una repercusión significativa, real o potencialmente previsible en la concreta situación del menor,** en sus intereses o bienestar, al impedir, dificultar o mediatizar el debido cuidado por parte de sus progenitores, lo cual **ha de valorarse en la situación concreta** de que se trate.

Otro ejemplo lo encontramos en la **sentencia de la Audiencia Provincial de Badajoz n.º 379/2019, de 21 de mayo, ECLI:ES:APBA:2019:440,** que aclara que **no puede confundirse el consumo ocasional o esporádico con la adicción.** Adicto es quien tiene el hábito de conductas peligrosas o de consumo de determinados productos, en especial drogas, y que no puede prescindir de ello o le resulta muy difícil hacerlo por razones de dependencia.

En el caso analizado en la referida sentencia, el único extremo que se contrastó es que, de forma puntual, el progenitor ha fumado porros y, si bien, él lo ha reconocido en el acto del juicio, la audiencia entiende que una cosa es esa y otra muy distinta es tacharlo de adicto.

Por lo que, la audiencia entiende en este caso que no se puede achacar al progenitor una conducta inapropiada que pueda impedir o dificultar el desempeño responsable de la custodia del menor.

4.4. Atribución de la custodia de menores a otros parientes

Supuestos especiales en los que se atribuye la guarda y custodia de menores a otros parientes

El artículo 103 del Código Civil señala:

> «(...) Excepcionalmente, los hijos podrán ser encomendados a los abuelos, parientes u otras personas que así lo consideren y, de no haberlos, una institución idónea, confiriéndoseles las funciones tutelares que ejercerán bajo la autoridad del juez».

En primer lugar, y como ejemplo, cabe traer a colación la **sentencia del Tribunal Supremo n.º 47/2015, de 13 de febrero, ECLI:ES:TS:2015:253,** en donde se le atribuye la guarda y custodia a la tía paterna de una menor ya que se dan unas circunstancias muy excepcionales.

En este caso, la tía paterna del menor formuló demanda solicitando la atribución definitiva de la guarda y custodia del mismo y con ello la suspensión del régimen de visitas concedido a favor de los abuelos maternos que se había establecido provisionalmente.

Por su parte, los abuelos maternos se opusieron a la demanda y solicitaron que la guarda y custodia les fuera atribuida a ellos.

Pero ¿qué ocurrió en este caso? La madre del menor mató al padre del mismo, por lo que esta fue condenada por un delito de asesinato a 18 años de prisión, pero en ningún momento se le privó de la patria potestad de su hijo menor, como tampoco tenía ninguna orden de alejamiento que le impidiera acercarse o comunicarse con él.

Pues bien, en casos como el presente la pauta de referencia tiene que ser necesariamente el interés superior del menor:

> «Es el interés del menor el que prima en estos casos, de un menor perfectamente individualizado, con nombre y apellidos, que ha crecido y se ha desarrollado en un determinado entorno familiar, social y económico que debe mantenerse en lo posible, si ello le es beneficioso; de **un menor que a los seis años de edad sufre una experiencia traumática por el asesinato de su padre, con el que convivía, por su madre,** que cumple en la actualidad condena de 18 años de cárcel, y que ha estado bajo la custodia de la tía paterna desde entonces. **El interés en abstracto no basta**».

Y, en cuanto al mencionado interés del menor, en este caso el Alto Tribunal argumenta lo siguiente:

> «El menor ha tenido un entorno estable y seguro, primero con su padre (del que le privó violentamente su madre), y después, tras el asesinato, con su tía y en el entorno familiar paterno, lo que posibilitó la creación de unos vínculos afectivos muy distintos de los existentes con los abuelos que ahora pretenden reforzase a través de un cambio de custodia. El nuevo entorno con los abuelos en ningún caso garantiza que el menor establezca un sentimiento de lealtad hacia una de las familias en contra de la otra, lo que es lógico y previsible, al menos durante un tiempo, dadas las graves circunstancias que se han producido y de las que ha sido testigo directo.
>
> Tampoco ofrece garantías de estabilidad y no se justifica ningún cambio sustancial de las circunstancias para acordarlo, salvo el interés de los abuelos de hacerse cargo en exclusiva de la custodia, lo que contradice la jurisprudencia citada en el motivo (STS 31 de enero 2013: "Con independencia del reproche que se pudiese realizar del comportamiento de la progenitora custodia, lo que debe primar es el interés del menor")».

Así, el Tribunal Supremo entiende que **los derechos de los abuelos están debidamente protegidos con su derecho de visitas y comunicaciones,** por lo que es improcedente modificar la guarda y custodia del menor a cargo de su tía paterna.

Además, **acuerda dar cuenta de oficio a la entidad pública territorialmente competente para la protección de menores, del hecho que de que la progenitora no se encuentra privada de la patria potestad,** y que la situación en la que se encuentra —penada por el asesinato del padre del menor— es difícilmente compatible con el adecuado ejercicio de sus responsabilidades parentales, por lo que, en aras del interés del menor, es conveniente adoptar medidas de protección para el mismo.

Otro caso interesante, ya que no concurre una circunstancia excepcional como en la anterior resolución analizada, es el caso examinado en la sentencia del Tribunal Supremo n.º 492/2018, de 14 de septiembre, ECLI:ES:TS:2018:3154, en la que la tía paterna solicitó la guarda y custodia de una menor de 5 años, hija de su hermano y su cuñada, que falleció como consecuencia de un cáncer.

La tía paterna fue la que se hizo cargo de los cuidados de la menor desde que a su madre le diagnosticaron la referida enfermedad por la que falleció. El padre de la menor se opuso a la demanda interpuesta por su hermana negando haber desatendido a su hija y sus gastos, además alegó estar en condiciones de hacerse cargo de la misma, pese a no haberla visto en meses por impedírselo su hermana.

En este caso el juzgado de primera instancia atribuyó la guarda y custodia de la menor a su tía paterna y fijó una pensión de alimentos a cargo del padre, como también un régimen de visitas progresivo.

Por su parte, la audiencia revocó la referida sentencia del juzgado de primera instancia y atribuyó la guarda y custodia al padre de forma definitiva, pero estableciendo un sistema transitorio, fundamentando tal decisión en que:

> «(...) no puede sino atenerse al criterio de la falta de legitimación de cualquiera de los restantes parientes del menor para ser sujeto de la atribución de la guarda y custodia, al fallecimiento de uno de los progenitores, en este caso la madre, mientras subsiste la patria potestad del otro progenitor. Más aún cuando, en el presente caso, de la prueba de informe psicosocial, se resulta la constatación de habilidades y aptitudes por parte del padre para su ejercicio en forma satisfactoria. Sin que se haya demostrado la concurrencia de riesgo alguno para la menor, más allá de la evidente disfunción transitoria consistente en la falta de relación del progenitor durante el último año, envuelta en el conflicto que le enfrenta con su hermana, ejerciente de la guarda de hecho, como reconocen ambas partes».

Pero **¿cuál fue la decisión de nuestro Alto Tribunal?** Entendió que la menor con su tía había tenido —y seguía teniendo— un entorno estable y seguro, lo que había posibilitado la creación de unos vínculos afectivos muy distintos de los que existían con su padre dada —según se señalaba en la sentencia— la «falta de capacidad del progenitor supérstite para atender adecuadamente a la niña, dada su edad, de su trabajo y de las demás cargas familiares, al margen de los de su hija, estando los derechos del padre debidamente protegidos con las visitas y comunicaciones, a partir del régimen progresivo establecido en la sentencia del Juzgado».

Otro ejemplo de atribución de la guardia y custodia a la tía paterna de una menor los encontramos en la **sentencia del Tribunal Supremo n.º 984/2023, de 20 de junio, ECLI:ES:TS:2023:2727**, que dispone lo siguiente:

> «Pesa sobre la madre una orden de búsqueda y captura y tiene abiertos sendos procesos penales por tales hechos.
> Su comportamiento no encuentra amparo en Derecho. La hija no es patrimonio de la madre, ni cabe imponga su unilateral decisión sobre lo que, subjetivamente, entiende que constituye el interés de su hija, con

desprecio y descalificación de las resoluciones judiciales y su posible revisión a través del sistema de recursos. Es interés de los niños y de las niñas mantener los lazos con su familia, excepto en los casos que se demuestre particularmente contrario a sus intereses. De ello se deduce que los lazos familiares solo pueden romperse en circunstancias muy excepcionales y que se debe hacer todo lo posible para mantener las relaciones personales y, en su caso, si llega el momento, "reconstruir" la familia (SSTEDH de 19 de septiembre de 2000, asunto Gnahoré c. Francia, § 59, y de 6 de septiembre de 2018, asunto Jansen c. Noruega, § 88-93).

En la tesitura, antes expuesta, **la medida más adecuada es confiar, temporalmente, la custodia de la niña a un familiar próximo, distinto de sus progenitores, sin perjuicio del régimen de comunicación con la niña que, en su caso, se acuerde con respecto a su padre y madre**, en ejecución de esta sentencia, una vez que la menor pueda ser localizada y sometida a decisión judicial. Esta posibilidad que cuenta con apoyo normativo en los arts. 103.1 II, 158 y 160 del CC, se consideró por esta sala aplicable a los procesos matrimoniales aun cuando no se encuentra prevista en el art. 92 del CC siempre así lo exija el interés superior de la menor (STS 679/2013, de 20 de noviembre) e igualmente se admite en las sentencias 47/2015, de 13 de febrero, 582/2014, de 27 de octubre y 492/2018, de 14 de septiembre. Se comparte el criterio del Ministerio Fiscal relativo a que la persona más adecuada por su edad, predisposición, cualificación, condición de madre de dos menores, una de las cuales mantenía con la hija de los litigantes una excelente relación, es la tía paterna de la niña. Con respecto a la cual no existen riesgos de que incumpla las medidas judiciales que se acuerden. Requerida por este tribunal aceptó expresamente asumir dicha función. Distinta es la situación de la abuela materna que, por su incondicionada adhesión a la actuación de su hija, no ofrece las garantías necesarias para abordar la condición de familiar provisionalmente custodio, hasta que se adopta la resolución definitiva sobre la guarda de la niña, que se halla condicionada, además, por el resultado de las causas penales seguidas contra los litigantes, y sin perjuicio de las medidas de seguimiento y control que solicita el Ministerio Fiscal. La decisión que se adopta, en esta resolución, es la que se estima se concilia mejor con el interés y beneficio de la menor, tras el juicio de ponderación antes efectuado de las concretas circunstancias concurrentes, en un caso excepcional y de difícil solución, al no haberse sometido la madre a las resoluciones jurisdiccionales que, en un Estado de Derecho, dirimen las controversias entre las partes».

En el mismo sentido, podemos mencionar, como jurisprudencia menor, la **sentencia de la Audiencia Provincial de Málaga n.º 109/2011, de 22 de febrero, ECLI:ES:APMA:2011:549,** y el **auto de la Audiencia Provincial de Santa Cruz de Tenerife n.º 125/2020, de 18 de junio, ECLI:ES:APTF:2020:487A,** que le atribuyen la guarda y custodia de la menor a la tía y no al progenitor vivo tras el fallecimiento de la progenitora. Otro ejemplo en el que, aun estando ambos progenitores vivos, se atribuye la custodia a la tía de la menor, lo encontramos en el **auto de la Audiencia Provincial de Salamanca n.º 149/2020, de 13 de noviembre, ECLI:ES:APSA:2020:538A.**

CUESTIÓN

En el caso de que las Administraciones asuman la custodia de un o una menor y posteriormente se la atribuyan a uno de los progenitores, ¿los parientes tienen legitimación para reclamar la modificación de esa guarda o custodia otorgada administrativamente?

Sí, y así lo explica la sentencia de la Audiencia Provincial de Toledo n.º 86/2011, de 15 de marzo, ECLI:ES:APTO:2011:216, que reza el tenor literal siguiente:

«Ocurre que en este caso no nos encontramos ante un procedimiento matrimonial, ni ante la modificación de medidas adoptadas en el seno del mismo, pues entre los progenitores no existe matrimonio y la custodia de la hija menor que aquí se discute, le fue concedida al padre, no en virtud de una decisión judicial sino administrativa, ya que la comunidad de Madrid asumió la tutela de la menor y posteriormente otorgó la misma al padre.

Entendemos que al no tratarse de un procedimiento matrimonial, no solo los cónyuges están legitimados, sino también cualquier otro pariente para reclamar el cambio de la guarda y custodia de un familiar, en este caso una hermana mayor de edad que solicita la guarda y custodia de la menor, que hasta ahora ostenta el padre. El procedimiento escogido, verbal del 748 de la LEC también resulta el adecuado. No se trata por tanto de modificar las medidas adoptadas en un procedimiento matrimonial aquí inexistente, sino de un juicio verbal para reclamar la guarda de una menor por su hermana, guarda que la administración tenía adjudicada al progenitor».

Otra de las cuestiones que suscitan controversia en caso de atribución de la custodia a otros parientes distintos de los progenitores es la **falta de legitimación** de cualquiera de los restantes parientes del menor para ser sujeto de atribución de la guarda al fallecimiento de uno de los progenitores, mientras subsiste la patria potestad del otro progenitor. El Tribunal Supremo en su ya mencionada **sentencia n.º 492/2018, de 14 de septiembre, ECLI:ES:TS:2018:3154**, recuerda que:

«Las relaciones de familia, por su especial naturaleza, requieren un tratamiento susceptible en algunos casos de una interpretación conjunta y armónica de las normas que rigen los derechos y obligaciones de quienes la integran. No se trata de desconocer la ley sino de aplicarla conforme a su finalidad y principios fundamentales que la integran con especial preminencia del interés superior del menor que, como estatuto jurídico indisponible de los menores de edad (sentencia TC 141/2000, de 29 de mayo), se debe tener en cuenta en todos los procedimientos que los afectan, valorando para ello todos los datos que resulten de la prueba, conforme a los criterios expresados en el artículo 2 de la Ley Orgánica 1/1996, de 15 de enero, de protección jurídica del menor, en la redacción dada por la Ley Orgánica 8/2015, de 22 de julio, de modificación del sistema de protección de la infancia y a la adolescencia».

¿Se puede atribuir la guarda y custodia de menores al cónyuge que no es progenitor? Para responder a la anterior cuestión podemos traer a colación y a modo de ejemplo la **sentencia del Tribunal Supremo n.º 679/2013, de 20 de noviembre, ECLI:ES:TS:2013:5713**, que atribuye la custodia al ex cónyuge de la madre biológica de la menor atendiendo al interés superior del menor:

«Es cierto que en el momento actual, don Julián no puede ser considerado progenitor respecto de Agueda, pero también lo es que las circunstancias especialmente graves concurrentes permiten atribuirle la custodia en la forma que resolvió la sentencia del Juzgado, que se acepta al asumir la instancia, esto es, a través de los artículos 103,1.ª, prr. 2 y 158, ambos del Código Civil, y artículo 11.2 de la LO 1/1996, de 15 de enero y ello precisamente por el interés público que informa en estos procedimientos con relación a los hijos menores de edad, conforme a la normativa citada, aunque excedan de las relaciones paterno filiales. Dice el primero de ellos, que "excepcionalmente, los hijos podrán ser encomendados a los abuelos, parientes u otras personas que lo consintieren y, de no haberlos, a una institución idónea, confiriéndoles las funciones tutelares que ejercerán bajo la autoridad del Juez". Esta medida, no está contemplada entre las que pueden adoptarse en el artículo 92 del CC con carácter definitivo en los procesos matrimoniales. Sin embargo, ningún problema plantea el que, con relación a la patria potestad, y en la interpretación del artículo 92, a la que si refiere este artículo, se pueda instaurar este régimen intermedio y extraordinario que permita atender a la protección de este interés, en este caso de Agueda, pero también de su hermana Olga, que han convivido juntas desde el nacimiento de la primera, tanto bajo la guarda y custodia de la recurrente como de la del recurrido, con el que han mantenido unas buenas relaciones, como dice la sentencia, y que vuelven a estar juntas en una situación estable y adaptada a la unidad familiar formada por el Sr. Julián y su nueva esposa, con la que tiene un hijo de corta edad, teniendo como tiene este capacidad para asumir el cuidado de las menores, como se recoge en la sentencia del Juez de 1.ª Instancia, sin perjuicio de que la medida que se acuerda pueda ser revisada cuando se acredite el cambio de la situación de hecho y las nuevas circunstancias que permitan otra distinta que conjugue todos los intereses en juego.

Sin duda, se reitera, las especiales vicisitudes que han rodeado la relación entre las partes, fuera de lo normal, se han proyectado, y se seguirán proyectando sobre unas menores en un constante conflicto familiar, agravada por una situación prolongada de litigios, civiles y penales, con grave y evidente riesgo de desprotección infantil, si en el futuro no se adoptan soluciones que lo impidan, especialmente por lo que respeta a la madre que ha tratado de eliminar de la vida de sus hijas la figura paterna, "dando primacía a su odio", como señala la sentencia de 1.ª Instancia».

ANEXO.
FORMULARIOS

Demanda de juicio verbal solicitando la tutela del menor en favor de los abuelos por muerte de un progenitor

A TENER EN CUENTA. Por la reforma realizada por la LO 1/2025, de 2 de enero, una vez implantados de forma efectiva los tribunales de instancia (D.T. 1.ª), todas las referencias realizadas a los juzgados unipersonales se entenderán realizadas a las secciones del orden jurisdiccional correspondiente de los tribunales de instancia. En este caso, el art. 86 de la LOPJ atribuye esta materia a la Sección de Familia, Infancia y Capacidad.

Al estar solicitando medidas previstas en el art. 158 del CC, no es necesario acudir a un MASC, por encontrarse exceptuado de ellos. (Art. 5.2 de la LO 1/2025, de 2 de enero).

AL JUZGADO DE PRIMERA INSTANCIA DE [LOCALIDAD]SECCIÓN DE FAMILIA DEL TRIBUNAL DE INSTANCIA DE [ESPECIFICAR] (3)

Don/Doña [NOMBRE_PROCURADOR_CLIENTE] procurador/a de los tribunales, en nombre y representación de **don/doña** [NOMBRE_CLIENTE]**, y don/doña** [NOMBRE_CLIENTE], cuya representación se acredita por medio de la oportuna copia de escritura de poder que acompaño, de la que intereso su devolución previo testimonio literal en los autos que se formen (1), ante el juzgado/la sección comparezco bajo la dirección técnica de **don/doña** [NOMBRE_ABOGADO_CLIENTE] con n.° [NÚMERO_COLEGIADO_ABOGADO_CLIENTE] de colegiado/a del Ilustre Colegio de Abogados de [LOCALIDAD] con despacho profesional en [LOCALIDAD] y como mejor proceda en derecho,

DIGO

Mediante el presente escrito en nombre de mi mandante formulo **DEMANDA DE JUICIO VERBAL** contra don/doña [NOMBRE_PARTE_CONTRARIA], provisto/a de DNI n.° [DNI] con domicilio en esta localidad, [DOMICILIO_PARTE_CONTRARIA], para la suspensión de la **guarda y custodia del/de la menor** [NOMBRE] **que hoy ostenta el/la progenitor/a y demandado/a y se acuerde la tutela del mismo por sus abuelos paternos/maternos**, de conformidad con el artículo 103 del Código Civil y los siguientes

HECHOS

PRIMERO.- Mis mandantes son los progenitores del/de la fallecido/a don/doña [NOMBRE]; y, a su vez, abuelos paternos/maternos del/de la menor [NOMBRE], quienes se encuentran en plenas facultades físicas y psíquicas. Se acompañan los siguientes documentos:

- **Documento n.°** [NÚMERO], certificación literal de matrimonio de mis patrocinados.

- **Documento n.°** [NÚMERO], certificación literal de matrimonio de los progenitores del/de la menor.

- **Documento n.°** [NÚMERO], certificación literal de nacimiento del/de la difunto/a hijo/a de mis poderdantes.

- **Documento n.°** [NÚMERO], certificación literal de defunción del/de la hijo/a de mis poderdantes.

– **Documento n.º** [NÚMERO], certificación literal de nacimiento del/de la nieto/a de mis patrocinados.

SEGUNDO.- El/La progenitor/a del/de la menor, hoy demandado/a, desde el fallecimiento de su cónyuge viene descuidando el cumplimiento de los deberes inherentes a la patria potestad, y dadas las deficiencias en estas obligaciones está exento/a de capacidad para velar por el cuidado de su hijo/a, alimentarlo/a, educarlo/a y procurarle una formación integral.

Asimismo, el/la psicólogo/a del centro donde el/la menor cursa sus estudios ha extendido informe sobre el perjuicio que la convivencia con el/la progenitor/a le está ocasionando y los perjuicios psicológicos que está sufriendo en los últimos tiempos, acompañándose con el **documento n.º** [NÚMERO].

Desde hace más de un año, los abuelos del/de la menor son los que se hacen cargo del cuidado y atención diaria de este, en todos los sentidos, dado el estado en que se encuentra el/la progenitor/a, que sufre [DESCRIPCIÓN] **(2)**.

Estas situaciones evidencian un gran perjuicio al/a la menor que lo/la desestabilizan en su desarrollo personal, social y educativo, en detrimento de su proyección familiar y social futura.

Mis representados se vienen encargando desde [FECHA] del pago de la escolarización del/de la menor y otros gastos esenciales para su educación y formación. Se acredita el pago mensual del colegio donde recibe su enseñanza con el **documento n.º** [NÚMERO] y el pago de material escolar, ropa, medicamentos, etc., con los **documentos del n.º** [NÚMERO] **al n.º** [NÚMERO].

Por último, señalar que el/la menor no tiene abuelos paternos/maternos, quienes fallecieron antes del nacimiento de este, siendo mis representados los parientes más próximos al/a la menor y con los que ha tenido una relación más estrecha y diaria.

TERCERO.- Ante todo lo anterior queda demostrado el permanente interés de los abuelos por las necesidades del/de la menor, teniendo en cuenta su interés superior, como dispone el art. 3.1 de la Convención sobre los Derechos del Niño adoptada por la Asamblea General de las Naciones Unidas el 20 de noviembre de 1989 y, por ende, el interés necesitado de protección del/de la menor.

Por todo ello son mis mandantes los idóneos para ejercer la tutela del/de la menor, a quienes le une un vínculo más afectivo, si cabe, desde el fallecimiento del/de la hijo/a de aquellos, sobre todo teniendo en cuenta el estado en el que se encuentra la parte demandada y el grave deterioro de la convivencia familiar y en tanto no varíe su actitud.

A los anteriores hechos son de aplicación los siguientes:

FUNDAMENTOS DE DERECHO

I.- JURISDICCIÓN Y COMPETENCIA

Conforme lo dispuesto en el art. 21.1 de la LOPJ y art. 36 de la LEC, los tribunales españoles del orden civil son los competentes para conocer de la acción que se ejercita.

La competencia (objetiva y funcional) le corresponde a los órganos judiciales españoles, de conformidad con lo establecido en el art. 117 de la Constitución española corresponde a los órganos judiciales españoles el ejercicio de la potestad jurisdiccional, juzgando y haciendo ejecutar lo juzgado; y, de acuerdo con lo previsto en el art. 86 de la LOPJ y los artículos 44 y 45 de la LEC y art. 61 de la misma LEC, el conocimiento de este litigio corresponde a los juzgados de primera instancia/secciones de familia, en cuanto dicha norma no los atribuye a otros juzgados o tribunales, teniendo aquellos competencia para conocer del presente procedimiento y de todas sus incidencias y de la ejecución de la sentencia que se dicte o convenios y transacciones que aprobaren.

Territorialmente le corresponde al juzgado al que me dirijo, de conformidad con lo dispuesto en el apartado 3 del artículo 769 de la LEC que establece que *«en los procesos que versen exclusivamente sobre guarda y custodia de hijos menores o sobre alimentos reclamados por un progenitor contra el otro en nombre de los hijos menores, será competente el Juzgado de Primera Instancia del lugar del último domicilio común de los progenitores. En el caso de residir los progenitores en distintos partidos judiciales, será Tribunal competente, a elección del demandante, el del domicilio del demandado o el de la residencia del menor».* **(3)**

II.- CAPACIDAD Y LEGITIMACIÓN

Los demandantes y la parte demandada, por ser personas físicas en el pleno ejercicio de sus derechos civiles, conforme determinan los arts. 6 y 7 de la LEC pueden ser parte en los procesos ante los tribunales civiles y pueden comparecer en juicio; y, a tenor del art. 10 de la citada Ley procesal, la legitimación activa de mis representados resulta irrefutable al ser los abuelos paternos/maternos del/de la menor; y, en cuanto a la legitimación pasiva corresponde al/a la viudo/a del/de la hijo/a de mis mandantes, progenitor/a del menor, quien tiene atribuida la patria potestad y guarda y custodia del mismo.

Y, de otro modo, mis patrocinados están legitimados para la presentación de esta demanda en virtud de lo dispuesto en el **art. 158 del CC**, dado que este establece que a instancia de cualquier pariente o del Ministerio Fiscal, el juez dictará las medidas convenientes para asegurar la prestación de alimentos y proveer a las futuras necesidades del hijo, en caso de incumplimiento de este deber, por sus progenitores (ordinal 1.º) y la suspensión cautelar en el ejercicio de la patria potestad y/o en el ejercicio de la guarda y custodia, la suspensión cautelar del régimen de visitas y comunicaciones establecidos en resolución judicial o convenio judicialmente aprobado y, en general, las demás disposiciones que considere oportunas, a fin de apartar al menor de un peligro o de evitarle perjuicios en su entorno familiar o frente a terceras personas (apartado 6).

Legitimación que también tiene la aquiescencia jurisprudencial, en este sentido la **sentencia de la Audiencia Provincial de Lugo n.º 40/2016, de 21 de enero, ECLI:ES:APLU:2016:54**, señala:

> «(...) es claro que los guardadores de hecho de un menor tienen legitimación para solicitar la atribución de la guarda y custodia de ese menor al amparo de lo dispuesto en el artículo 158 CC que atribuye legitimación a para evitar cualquier perjuicio al menor, como se pretende con el ejercicio de la presente demanda».

En la misma línea se pronuncia el auto de la Audiencia Provincial de Cádiz n.º 156/2020, de 7 de julio, ECLI:ES:APCA:2020:618A.

Asimismo, el auto de la Audiencia Provincial de Pontevedra n.º 25/2023, de 6 de febrero, ECLI:ES:APPO:2023:909A, legitima a unos abuelos para solicitar la custodia de sus nietos señalando al respecto:

> «(...) los actores están legitimados para ejercitar la acción planteada, en el sentido de que actúan como titulares de una relación jurídica que les habilita para instar lo que solicitan, según se desprende de una interpretación sistemática y teleológica de los arts. 92, 103, 156 y 158 del Código Civil, en relación

con los arts. 1 y 2 apartados 1° y 2° a) de la Ley Orgánica 1/1996, de 15 de enero, de Protección Jurídica del Menor, y la jurisprudencia (...)».

III.- INTERVENCIÓN DEL MINISTERIO FISCAL

Es preceptiva la intervención del Ministerio Fiscal de conformidad con lo estipulado en el **apartado 2 del artículo 749 de la LEC**.

IV.- POSTULACIÓN Y DEFENSA

De conformidad con lo dispuesto en los artículos 23, 31 y 750, todos ellos de la LEC, las partes han de comparecer representadas por procurador legalmente habilitado y bajo asistencia letrada.

V.- CLASE DE JUICIO Y PROCEDIMIENTO

Los procedimientos sobre guarda y custodia de menores se sustanciarán por los trámites del **juicio verbal**, de conformidad con lo establecido en el **artículo 753 de la LEC**.

VI.- FONDO DEL ASUNTO

Esta demanda tiene su fundamento en lo establecido en el **art. 158 del CC**, donde se señala que:

> «El Juez, de oficio o a instancia del propio hijo, de cualquier pariente o del Ministerio Fiscal, dictará:
> 1.° Las medidas convenientes para asegurar la prestación de alimentos y proveer a las futuras necesidades del hijo, en caso de incumplimiento de este deber, por sus padres.
> (...)
> 6.° La suspensión cautelar en el ejercicio de la patria potestad y/o en el ejercicio de la guarda y custodia, la suspensión cautelar del régimen de visitas y comunicaciones establecidos en resolución judicial o convenio judicialmente aprobado y, en general, las demás disposiciones que considere oportunas, a fin de apartar al menor de un peligro o de evitarle perjuicios en su entorno familiar o frente a terceras personas. (...)».

Y es el **art. 103 del CC**, el que autoriza al juez, excepcionalmente, a encomendar a los hijos a abuelos, parientes u otras personas que así lo consintieren y, de no haberlos, a una institución idónea, confiriéndoseles las funciones tutelares.

A las normas sustantivas hay que añadir la consistente doctrina jurisprudencial existente a este respecto pudiéndose nombrar entre otras la **sentencia del Tribunal Supremo, rec. 3389/1990, de 12 de febrero, ECLI:ES:TS:1992:1078**, que confirma la atribución de la custodia a los abuelos del menor.

Así también, lo referido por las Audiencias Provinciales, a tal ejemplo citar la **sentencia de la Audiencia Provincial de Cuenca n.° 219/2016, de 20 de diciembre, ECLI:ES:APCU:2016:444**, conforme a la cual:

> «4°.- No se ha evidenciado ni constatado, por el contrario, que los abuelos paternos no estén capacitados para el correcto y adecuado desempeñó de la guarda y custodia, a presar de su avanzada edad. En atención a lo expuesto, procede el mantenimiento de la guarda y custodia a favor de los abuelos paternos no siendo adecuado ni el otorgamiento de la guarda y custodia a la madre ni el establecimiento de un sistema de acogimiento familiar pretendido en la demanda rectora».

Así como la sentencia de la Audiencia Provincial de Navarra n.º 40/2022, de 1 de febrero, ECLI:ES:APNA:2022:195, en la que atendiendo a la estabilidad de la menor, declara:

> «A la vista de ello entendemos que se dan todas las circunstancias para considerar acreditada la situación de excepcionalidad que conforme al contenido del artículo 103 CC permite la atribución de la guarda y custodia de la menor a la abuela materna. No se pretende con ello romper los lazos entre padre e hija sino mantener la estabilidad de Felicisima».

El artículo 93 del CC, en relación con los artículos 142 y siguientes de la misma norma, destaca la obligación de los progenitores de contribuir a los alimentos de los hijos, señalando:

> «El Juez, en todo caso, determinará la contribución de cada progenitor para satisfacer los alimentos y adoptará las medidas convenientes para asegurar la efectividad y acomodación de las prestaciones a las circunstancias económicas y necesidades de los hijos en cada momento.
>
> Si convivieran en el domicilio familiar hijos mayores de edad o emancipados que carecieran de ingresos propios, el Juez, en la misma resolución, fijará los alimentos que sean debidos conforme a los artículos 142 y siguientes de este Código».

VII.- *IURA NOVIT CURIA*

En todo lo no invocado resulta de aplicación el principio *iura novit curia,* plasmado en el párrafo segundo del punto primero del artículo 218 de la Ley de Enjuiciamiento Civil, en virtud del cual serán aplicables las demás normas que sean de pertinente, especial o general aplicación, y que el juzgador podrá tener en cuenta de oficio sin necesidad de que hayan sido previamente alegadas o invocadas por alguna de las partes intervinientes.

VIII.- COSTAS

Procede la condena en costas a la parte demandada conforme el art. 394.1 de la LEC.

Por lo expuesto,

SUPLICO AL JUZGADO/A LA SECCIÓN:

Que tenga por presentado este escrito junto con los documentos y copias que se acompañan, se sirva admitirlo, formando los oportunos autos, teniéndome por parte en la representación que ostento, ordenando se entiendan conmigo las sucesivas diligencias, tenga por promovido juicio declarativo verbal contra don/doña [NOMBRE_PARTECONTRARIA] y, previo traslado y emplazamiento a esta y al Ministerio Fiscal, se dicte sentencia estimando íntegramente esta demanda en la que se interesa:

1) Se suspenda la guarda y custodia del/de la menor [NOMBRE] que hoy ostenta el/la demandado/a don/doña [NOMBRE_PARTECONTRARIA], entendiéndose como medida cautelar y revisable si cambian las circunstancias de inestabilidad del/de la progenitor/a que han llevado a la presentación de esta demanda.

2) Se otorgue a mis mandantes don/doña [NOMBRE_CLIENTE], y don/doña [NOMBRE_CLIENTE] la tutela del/de la menor, sin perjuicio de que se esta-

blezcan las medidas que se estimen oportunas atendidas las circunstancias y durante el tiempo que el tribunal estime necesario hasta que el/la progenitor/a acredite la posibilidad de asumir plenamente sus obligaciones.

3) Se establezca a cargo del/de la demandado/a una pensión de alimentos de [CUANTÍA] euros.

4) Se impongan las costas a la parte demandada.

Es justicia que pido en [LOCALIDAD] a [DIA] de [MES] de [AÑO]

Fdo.: Don/Doña [NOMBRE_ABOGADO]   Fdo.: Don/Doña [NOMBRE_
                                                                PROCURADOR]

Col. n.º: [NÚMERO_ABOGADO]   Col. n.º: [NÚMERO_PROCURADOR]

PRIMER OTROSÍ DIGO: mis mandantes plantean la siguiente **PROPUESTA DE RÉGIMEN DE VISITAS, ESTANCIA Y COMUNICACIÓN** a favor del/de la progenitor/a:

– Régimen de visitas

El/La progenitor/a del/de la menor don/doña [NOMBRE_PARTECONTRARIA], tendrá derecho a visitar a este/a, en el domicilio de mis mandantes, durante un máximo de una hora, tanto los sábados como domingos, debiendo avisar de dicha visita a aquellos con un tiempo de antelación de dos horas.

– Régimen de estancia

Durante el periodo vacacional de verano: el/la progenitor/a del/de la menor don/doña [NOMBRE_PARTECONTRARIA], tendrá derecho a tener consigo, en su propio domicilio, al/a la menor, durante el plazo máximo diez días, debiendo avenirse con mis mandantes el periodo de disfrute del/de la menor, teniendo en cuenta, en todo momento las actividades en las que este/a participe, como acampadas, excursiones u otras de la misma índole.

Durante el periodo vacacional de navidades y semana santa: el/la progenitor/a del/de la menor don/doña [NOMBRE_PARTECONTRARIA], tienen derecho a tener consigo, en su propio domicilio, al/a la menor, durante el plazo máximo tres días, debiendo avenirse con los abuelos el periodo de disfrute del menor, teniendo en cuenta, en todo momento las actividades en las que este/a participe, como acampadas, excursiones u otras de la misma índole.

– Régimen de comunicaciones

El/La progenitor/a del/de la menor don/doña [NOMBRE_PARTECONTRARIA], tendrá derecho a comunicarse telefónicamente con este/a cuantas veces lo entiendan oportuno desde las 18:00 hasta las 20:00 horas.

En su virtud,

SUPLICO AL JUZGADO/A LA SECCIÓN:

Que tenga por propuesto el anterior régimen de relación del/de la menor con su progenitor/a, se sirva aprobarlo, sin perjuicio de llegar a transacción y pacto con la demandada.

Es justicia que se pide en [LOCALIDAD] a [FECHA]

Fdo.: Don/Doña [NOMBRE_ABOGADO]   Fdo.: Don/Doña [NOMBRE_
                                                               PROCURADOR]

Col. n.º: [NÚMERO_ABOGADO]   Col. n.º: [NÚMERO_PROCURADOR]

SEGUNDO OTROSÍ DIGO: siendo intención de esta parte cumplir con todos los requisitos legales, a tenor de lo previsto en el artículo 231 de la Ley de Enjuiciamiento Civil, se solicita se le diere traslado de cualquier defecto que adoleciere la presente demanda, para la inmediata subsanación de la misma.

En virtud de lo expuesto,

SUPLICO AL JUZGADO/A LA SECCIÓN:

Que tenga por efectuada la anterior manifestación a los efectos oportunos.

Por ser justicia, fecha y lugar *ut supra.*

Fdo.: Don/Doña [NOMBRE_ABOGADO]   Fdo.: Don/Doña [NOMBRE_
                                                               PROCURADOR]

Col. n.º: [NÚMERO_ABOGADO]   Col. n.º: [NÚMERO_PROCURADOR]

---

(1) O mediante la anterior comparecencia *apud-acta* celebrada ante letrado de la Administración de Justicia.

(2) Por ejemplo casos de grave inestabilidad psicológica o de deterioro de su salud como consecuencia de su adicción a las drogas y/o alcohol.

(3) Por la reforma realizada por la LO 1/2025, de 2 de enero, una vez implantados de forma efectiva los tribunales de instancia (D.T. 1.ª), todas las referencias realizadas a los juzgados unipersonales se entenderán realizadas a las secciones del orden jurisdiccional correspondiente de los tribunales de instancia. En este caso, el art. 86 de la LOPJ atribuye esta materia a la Sección de Familia, Infancia y Capacidad.

Contestación a la demanda de juicio verbal de solicitud de tutela del menor a favor de los abuelos por muerte de un progenitor

A TENER EN CUENTA. Por la reforma realizada por la LO 1/2025, de 2 de enero, una vez implantados de forma efectiva los tribunales de instancia (D.T. 1.ª), todas las referencias realizadas a los juzgados unipersonales se entenderán realizadas a las secciones del orden jurisdiccional correspondiente de los tribunales de instancia. En este caso, el art. 86 de la LOPJ atribuye esta materia a la Sección de Familia, Infancia y Capacidad.

AL JUZGADO DE PRIMERA INSTANCIA N.º [NUMERO] **DE** [CIUDAD]/**SECCIÓN DE FAMILIA DEL TRIBUNAL DE INSTANCIA DE** [ESPECIFICAR] **(2)**

Procedimiento: Divorcio Contencioso

Número: [NÚMERO]/[AÑO]

Don/Doña [NOMBRE_PROCURADOR_CLIENTE], procurador/a de los tribunales, colegiado número [NÚMERO] del ICP de [LUGAR], en nombre y representación de don/doña [NOMBRE_CLIENTE] cuya representación se acredita por medio de la oportuna copia de escritura de poder que acompaño, de la que intereso su devolución previo testimonio literal en autos / por poder APUD ACTA, bajo la dirección letrada de don/doña [NOMBRE_ABOGADO_CLIENTE] colegiado/a [NÚMERO_COLEGIADO_ABOGADO_CLIENTE], ante el juzgado/ la sección comparezco, y, como mejor proceda en derecho,

DIGO

En fecha se no ha notificado demanda de solitud de guarda y custodia por parte de los abuelos [PATERNOS/MATERNOS] concediéndonos el plazo de 10 días para presentar contestación a la misma. Y en atención a lo anterior procedo evacuar el trámite conferido, presentado, **CONTESTACIÓN Y OPOSICIÓN A LA DEMANDA DE SOLICITUD DE GUARDA Y CUSTODIA,** interpuesta por don/doña [NOMBRE PARTE CONTRARIA], en los referidos autos.

Y ello en base a los siguientes,

HECHOS

PREVIO.- Se impugnan la totalidad de hechos alegados en el escrito rector salvo los que expresamente se declaren conformes por esta parte.

PRIMERO.- Conforme con el correlativo de la demanda, toda vez que las partes son los padres de [NOMBRE] fallecido/a; y a su vez abuelos [MATERNOS/PATERNOS] del/la menor [NOMBRE].

SEGUNDO.- Disconforme con el correlativo en relación con el cuidado del/la menor por parte de mi mandante.

Entendemos que, en beneficio del interés del menor el/la menor debe quedar bajo la guarda y custodia del progenitor supérstite. La decisión de atribuir la guarda y custodia a los abuelos no debe considerarse adecuada, ya que el menor [NOMBRE] convive con mi mandante y sus dos hermanos, que son hijos únicamente de mi mandante.

Asimismo, cabe añadir que mi mandante permite a don/doña [NOMBRE PARTE CONTRARIA] y a don/doña [NOMBRE PARTE CONTRARIA] establecer un régimen de visitas bastante amplio ya que los mismos pueden acudir al domicilio donde actualmente reside el menor cuando lo deseen así como se les ha dado respuesta a todas sus llamadas telefónicas.

TERCERO.- Disconforme con lo alegado por la parte contraria con respecto a la legitimación.

La parte contraria no está legitimada en base a lo dispuesto en el artículo 156 del CC.

«En caso de desacuerdo en el ejercicio de la patria potestad, cualquiera de los dos podrá acudir a la autoridad judicial, quien, después de oír a ambos y al hijo si tuviera suficiente madurez y, en todo caso, si fuera mayor de doce años, atribuirá la facultad de decidir a uno de los dos progenitores. Si los desacuerdos fueran reiterados o concurriera cualquier otra causa que entorpezca gravemente el ejercicio de la patria potestad, podrá atribuirla total o parcialmente a uno de los progenitores o distribuir entre ellos sus funciones. Esta medida tendrá vigencia durante el plazo que se fije, que no podrá nunca exceder de dos años. En los supuestos de los párrafos anteriores, respecto de terceros de buena fe, se presumirá que cada uno de los progenitores actúa en el ejercicio ordinario de la patria potestad con el consentimiento del otro».

A estos hechos le son de aplicación los siguientes,

FUNDAMENTOS DE DERECHO

PREVIO.- Disconformes con los correlativos salvo que expresamente indiquemos nuestra conformidad.

I.- JURISDICCIÓN Y COMPETENCIA

Conforme con el correlativo pues es de aplicación el art. 21.1 de la LOPJ y art. 36 de la LEC, los Tribunales españoles del orden civil son los competentes para conocer de la acción que se ejercita.

La Competencia (Objetiva y funcional) le corresponde a los órganos judiciales españoles, de conformidad con lo establecido en el art. 117 de la Constitución española, asigna a los órganos judiciales españoles el ejercicio de la potestad jurisdiccional, juzgando y haciendo ejecutar lo juzgado; y, de acuerdo con lo previsto en el art. 86 de la LOPJ y los artículos 44 y 45 de la LEC y art. 61 de la misma ley procesal, el conocimiento de este litigio corresponde a los Juzgados de Primera Instancia/ Sección de Familia, en cuanto dicha norma no los atribuye a otros Juzgados o Tribunales, teniendo aquellos competencia para conocer del presente procedimiento y de todas sus incidencias y de la ejecución de la sentencia que se dicte o convenios y transacciones que aprobaren.

Territorialmente le corresponde al Juzgado al que me dirijo, de conformidad con lo dispuesto en el apartado 3 del artículo 769 de la LEC que establece que «en los procesos que versen exclusivamente sobre guarda y custodia de hijos menores o sobre alimentos reclamados por un progenitor contra el otro en nombre de los hijos menores, será competente el Juzgado de Primera Instancia del lugar del último domicilio común de los progenitores. En el caso de residir los progenitores en distintos partidos judiciales, será Tribunal competente, a elección del demandante, el del domicilio del demandado o el de la residencia del menor». (2)

II.- CAPACIDAD Y LEGITIMACIÓN

De acuerdo con los artículos 103, 154 y 170 del CC, los demandantes carecen de legitimación activa para ejercitar la acción de reclamación de guarda y custodia del/la menor [NOMBRE] ya que, la pretensión de adopción de medidas paterno filiales respecto de su nieto/a, carece de cobertura legal y, en todo caso, exigiría que, previamente, se suspenda o prive en el ejercicio de la patria potestad a mi mandante, lo que en este caso no ha sucedido.

Así, le interesa a esta parte citar el auto de la Audiencia Provincial de Madrid n.º 244/2020, de 14 de mayo, ECLI:ES:APM:2020:4727A:

> «(...) la demanda rectora de los presentes autos se limita a solicitar la guarda y custodia del menor a favor de su abuela, no solicitándose la privación de la patria potestad, por lo que la resolución apelada no incurre en vulneración de la jurisprudencia que cita, ya que la demanda no solicita la atribución de la guarda y custodia tras privar de la patria potestad a los progenitores conforme al artículo 170 del Código Civil.
>
> Para que pueda otorgarse a la abuela la tutela sobre el menor es preciso que previamente se suspenda o prive en el ejercicio de la patria potestad a ambos progenitores. No es posible tutelar a un menor que está sometido a patria potestad y no ha sido declarado en situación de desamparo (artículo 222 del Código Civil (1)). Y no es posible declarar al niño en situación de desamparo porque se halla precisamente al cuidado de su abuela, y por lo tanto debidamente protegido (artículo 172.1.2 del Código Civil). En conclusión, la **suspensión de la patria potestad o la privación de la misma son presupuesto previo e ineludible para la atribución de la guarda y custodia y la tutela del menor**».

III.- POSTULACIÓN Y DEFENSA

Conforme asimismo con el correlativo al ser preceptiva la representación por medio de procurador/a y la asistencia letrada, en virtud del artículo 23 y 31 ambos de la LEC, así como su artículo 750.

IV.- INTERVENCIÓN DEL MINISTERIO FISCAL

Es preceptiva la intervención del Ministerio Público al existir menores, de conformidad con lo dispuesto en el art. 749 de la LEC.

V.- FONDO DEL ASUNTO

Artículo 156 del CC:

> «(...).
> En defecto o por ausencia o imposibilidad de uno de los progenitores, la patria potestad será ejercida exclusivamente por el otro.
> (...)».

Por lo que, don/doña [NOMBRE PARTE CONTRARIA] y don/doña [NOMBRE PARTE CONTRARIA] no disponen de legitimación activa para solicitar medidas respecto de los menores pues dicha solicitud carece de cobertura legal.

Además, mi mandante no está privado del ejercicio de la patria potestad.

Es de nuestro interés citar el auto de la Audiencia Provincial de Pontevedra n.º 25/2023, de 6 de febrero, ECLI:ES:APPO:2023:909A, en los siguientes términos:

> «(...) inadmitió la demanda presentada al considerar que, de acuerdo con los arts. 103, 154 y 170 del Código Civil, los demandantes carecen de legitima-

ción activa para ejercitar la acción deducida, ya que, primero, la pretensión de adopción de medidas paterno filiales respecto de sus nietos, carece de cobertura legal, y, segundo, en todo caso, exigiría que, previamente, se suspenda o prive en el ejercicio de la patria potestad a ambos progenitores, lo que aquí no sucede».

En cuanto al desamparo de los menores por parte de mi mandante que alega la parte contraria, estamos en total desacuerdo, ya que mi mandante desde el fallecimiento de don/doña [NOMBRE PROGENITOR/A FALLECIDO/A] ha ostentado la guarda de hecho de su hijo/a, atendiendo a todas sus necesidades y brindándole un entorno estable, sin privarle en ningún momento del contacto y relaciones con ningún miembro de la familia de don/doña [NOMBRE PROGENITOR/A FALLECIDO/A] incluidos sus abuelos.

Adjuntamos al presente escrito informe del psicólogo al que acuden el/la menor desde el fallecimiento de su madre/padre como **documento n.º** [NÚMERO].

Es por ello por lo que se interesa el siguiente régimen de guarda y custodia [ESPECIFICAR].

VI.- COSTAS

No procede la imposición de costas, cada parte abonará las costas causadas a su instancia, y las comunes a partes iguales (art. 394 de la LEC).

VII.- *IURA NOVIT CURIA*

En todo lo no invocado, resulta de aplicación el principio *iura novit curia*, plasmado en el párrafo segundo del punto primero del artículo 218 de la Ley de Enjuiciamiento Civil, en virtud del cual serán aplicables las demás normas que sean de pertinente, especial o general aplicación, y que el juzgador podrá tener en cuenta de oficio sin necesidad de que hayan sido previamente alegados o invocados por alguna de las partes intervinientes.

Por ello,

SUPLICO AL JUZGADO/A LA SECCIÓN:

Que teniendo por presentado este escrito junto con sus copias y documentos adjuntos, los admita, les de la tramitación legal oportuna y tenga por formulada **contestación a la demanda de solicitud de guarda y custodia del/la menor don/doña** [NOMBRE DEL/LA MENOR], **dictando resolución por la que se establezca:**

- Determinar el ejercicio de la patria potestad del menor don/doña [NOMBRE] a cargo de don/doña [NOMBRE CLIENTE].
- Determinación de la guarda y custodia del menor don/doña [NOMBRE] a cargo de don/doña [NOMBRE CLIENTE].
- Establecimiento del siguiente régimen de visitas a favor de don/doña [NOMBRE PARTE CONTRARIA] y don/doña [NOMBRE PARTE CONTRARIA]:
  – [ESPECIFICAR RÉGIMEN DE VISITAS PARA LOS ABUELOS].

Con todo lo demás que sea procedente,

Por ser de Justicia que pido en [LOCALIDAD], a [DÍA] de [MES] de [AÑO].

Letrado/a don/doña [NOMBRE]   Procurador/a don/doña [NOMBRE]

[NÚMERO COLEGIADO
ABOGADO CLIENTE]

[NÚMERO COLEGIADO
PROCURADOR/A CLIENTE]

---

(1) El artículo 222 del CC se ha visto modificado por la Ley 8/2021, de 2 de junio, con efectos desde el 3 de septiembre de 2021, por lo que alusión que hace el auto anterior al mismo se refiere a su contenido previo a esta reforma el cual se recoge ahora con referencia a los menores en situación de desamparo en el artículo 199 del CC.

(2) Por la reforma realizada por la LO 1/2025, de 2 de enero, una vez implantados de forma efectiva los tribunales de instancia (D.T. 1.ª), todas las referencias realizadas a los juzgados unipersonales se entenderán realizadas a las secciones del orden jurisdiccional correspondiente de los tribunales de instancia. En este caso, el art. 86 de la LOPJ atribuye esta materia a la Sección de Familia, Infancia y Capacidad.

Solicitud por los abuelos de modificación del régimen de visitas de los progenitores respecto de un menor

A TENER EN CUENTA. Por la reforma realizada por la LO 1/2025, de 2 de enero, una vez implantados de forma efectiva los tribunales de instancia (D.T. 1.ª), todas las referencias realizadas a los juzgados unipersonales se entenderán realizadas a las secciones del orden jurisdiccional correspondiente de los tribunales de instancia. En este caso, el art. 86 de la LOPJ atribuye esta materia a la Sección de Familia, Infancia y Capacidad.

A TENER EN CUENTA. Desde el 03/04/2025 por la reforma realizada por la LO 1/2025, de 2 de enero, se exige para la admisión de las demandas civiles el haber acudido a un medio adecuado de solución de controversias (MASC). Es el artículo 5 de la LO 1/2025, de 2 de enero, el que determina estos casos.

S/ Ref.: [NÚMERO]
Procedimiento de origen n.º [NÚMERO]

AL JUZGADO DE PRIMERA INSTANCIA N.º [NÚMERO] DE [LOCALIDAD]/ SECCIÓN DE FAMILIA DEL TRIBUNAL DE INSTANCIA DE [ESPECIFICAR] (2)

Don/Doña [NOMBRE_PROCURADOR_CLIENTE] procurador/a de los tribunales y de **don/doña** [NOMBRE_CLIENTE], cuya representación se acredita por medio de la oportuna copia de escritura de poder que adjunto como **documento n.º** [NÚMERO], de la que intereso su devolución previo testimonio literal en autos, bajo la dirección técnica de **Don/Doña** [NOMBRE_ABOGADO_CLIENTE], abogado/a colegiado/a n.º [NÚMERO_COLEGIADO_ABOGADO_CLIENTE] del ICA de [LUGAR], ante el juzgado/ la sección comparezco y, como mejor proceda en derecho, **DIGO:**

Por medio del presente escrito y al amparo de lo establecido en los artículos 90.3 del Código Civil y 748 y siguientes de la LEC, formulo **SOLICITUD DE MODIFICACIÓN DEL RÉGIMEN DE VISITAS** acordadas en la sentencia n.º [NÚMERO] de [FECHA], dictada por el juzgado/ la sección al/a la que me dirijo, frente a Don/Doña [NOMBRE_PARTE_CONTRARIA] y Don/Doña [NOMBRE_PARTE_CONTRARIA], con domicilio en [DOMICILIO], con base en los siguientes hechos y fundamentos de derecho.

HECHOS

PRIMERO.- Don/Doña [NOMBRE_PARTE_CONTRARIA] y Don/Doña [NOMBRE_PARTE_CONTRARIA] contrajeron matrimonio en fecha [FECHA], fruto del cual tuvieron un hijo, [NOMBRE], que en la actualidad tiene [NÚMERO] años.

Se adjuntan como **documentos n.º** [NÚMERO] **y n.º** [NÚMERO] certificado de matrimonio de los progenitores y certificado de nacimiento del menor.

Cuando el menor contaba con [NÚMERO] años, sus progenitores deciden poner fin a su matrimonio, atribuyendo la patria potestad del menor a ambos y la guarda y custodia al/a la progenitor/a. Con un régimen de visitas y comunicación para el otro progenitor, así como una pensión de alimentos a cargo de este de [NÚMERO] euros. Se acuerda mantener el domicilio del menor en [DIRECCIÓN] donde venía residiendo en compañía de sus progenitores y de mi mandante, propietaria/o del inmueble.

Se acompaña como **documento n.º** [NÚMERO] la sentencia de divorcio.

SEGUNDO.- Ya desde el nacimiento, el menor convivió con mi mandante la mayor parte del tiempo quien se hacía cargo de todos sus gastos y necesidades (alimentos, educación, sanidad...) debido a las continuadas ausencias de sus progenitores derivadas, fundamentalmente, de la adicción que ambos padecían a determinadas sustancias, lo que motivó que acudiera a los tribunales con la finalidad de regularizar la situación del menor en aras a su interés superior.

Reclamada la guarda y custodia del menor por mi mandante se dicta sentencia acordando respecto del mismo lo siguiente:

- Patria potestad a cargo de ambos progenitores.

- Guarda y custodia atribuida a mi mandante en exclusiva dada la desatención de los progenitores y atendiendo al interés superior del menor.

- Pensión de alimentos a cargo de los progenitores de [CUANTÍA] euros cada uno.

- Régimen amplio de visitas y comunicación del menor.

Para acreditar las citadas medidas se acompaña como **documento n.º** [NÚMERO] la sentencia [ESPECIFICAR] de [FECHA] resolviendo las peticiones de mi mandante.

TERCERO.- En concreto, el **régimen de visitas y comunicaciones con el menor** establecido consistía en:

- Régimen de visitas: ambos progenitores tendrán derecho a visitar al menor en su domicilio tres veces por semana durante dos horas, sin coincidir el mismo día y sin interferir en las rutinas del menor.

- Régimen de estancia: cada uno de ellos tendrá derecho a tenerlo consigo un fin de semana al mes, desde el viernes a las 8 de la tarde hasta el domingo a las 6 de la tarde.

- Régimen de comunicaciones: podrán comunicarse con el menor telefónicamente cuantas veces lo consideren oportuno entre las 17:00 horas y las 20:00 horas.

CUARTO.- Establecido el régimen detallado anteriormente, han sido constantes los incumplimientos del mismo por parte de los progenitores lo que motiva que se solicite la modificación de las medidas establecidas respecto de las relaciones de aquellos con el menor.

Por un lado, Don/Doña [NOMBRE_PROGENITOR] no ha atendido la pensión de alimentos en ningún momento desde su establecimiento ya en la sentencia de divorcio y posteriormente por solicitud de mi mandante. Asimismo, desde el divorcio solo se ha presentado en contadas ocasiones a visitar al menor y siempre fuera de los términos establecidos y en condiciones poco adecuadas a la presencia de un menor. Las llamadas también han sido muy esporádicas. En los últimos seis meses no se ha producido contacto alguno, por lo que entendemos que resulta acreditada su falta de interés y atención respecto del menor.

Por otro lado, Don/Doña [NOMBRE_PROGENITOR], hijo/a de mi mandante, tampoco ha atendido en ningún momento la pensión de alimentos establecida siendo además mi representado/a el/la que le ha hecho aportaciones económicas en distintas ocasiones. En cuanto a sus visitas y comunicaciones con el menor, aunque han sido más habituales por cuanto este se encontraba en el domicilio donde tiene fijada su residencia, lo cierto es que acudía allí pero no con la finalidad de atender y pasar tiempo con el menor sino simplemente para pernoctar el tiempo que le fuera necesario.

Estas estancias solían ser cortas y su adicción impedía que ejerciese con el menor la finalidad de las visitas o cualquier otra obligación que como progenitor/a le correspondiese.

Este incumplimiento reiterado de ambos progenitores y las condiciones en que, cuando se producían, tenían lugar los encuentros causaron en el menor situaciones que le han generado profunda inestabilidad y que en nada le han beneficiado sino más bien le han ocasionado episodios de gran ansiedad y miedo ante la posibilidad de que se produjesen los contactos con los progenitores.

Así se acredita en el informe psicológico que se acompaña como **documento n.º** [NÚMERO].

QUINTO.- A la vista de lo expuesto, entendemos resulta acreditado el cambio sustancial de las circunstancias que motivaron el establecimiento del amplio régimen de visitas y comunicaciones, toda vez que en ese momento el interés y el comportamiento de los progenitores hacia el menor, aunque insuficiente, le reportaba a aquel cierto beneficio y estabilidad dentro de la situación vivida y que con el tiempo se entendía que redundaría en una relación estable entre menor y progenitores.

No obstante, el devenir de los hechos relatados permite afirmar que, en este momento, la situación está muy lejos de favorecer la citada relación y que mucho menos le proporciona al menor estabilidad, sino todo lo contrario, hasta puntos en que su bienestar desaconseja, a nuestro juicio, cualquier tipo de contacto.

Es por todo ello que entendemos, con fundamento en el interés superior del menor y atendiendo a las nuevas circunstancias, que existe base suficiente para la supresión del régimen de visitas y comunicaciones o, cuando menos, el establecimiento de un régimen mucho más estricto en que los contactos consistan en:

- Encuentros del menor con cada uno de los progenitores una vez al mes durante 2 horas en un punto de encuentro y bajo supervisión que permita cancelar la visita en cualquier momento si el estado del menor así lo aconseja.
- Llamadas telefónicas una vez a la semana entre las 18:00 h y las 19:00 h.

A estos hechos le son de aplicación los siguientes,

FUNDAMENTOS DE DERECHO

PRIMERO.- JURISDICCIÓN Y COMPETENCIA

Conforme lo dispuesto en los artículos 21.1 de la LOPJ y 36 de la LEC, los tribunales españoles del orden civil son los competentes para conocer de la acción que se ejercita.

De acuerdo con lo previsto en el artículo 86 de la LOPJ, el conocimiento de este litigio corresponde a los juzgados de primera instancia/sección de familia, en cuanto dicha norma no los atribuye a otros juzgados o tribunales.

Por último, es competente el juzgado de primera instancia al que me dirijo, de conformidad con lo establecido en el artículo 775.1 de la LEC, por ser el órgano judicial que adoptó las medidas definitivas respecto del menor. **(2)**

SEGUNDO.- CAPACIDAD Y LEGITIMACIÓN

Mi representado/a ostenta la capacidad necesaria para ser parte en el presente proceso, de conformidad con lo dispuesto en los artículos 6 y siguientes de la LEC y está legitimado para la presentación de esta solicitud, en aplicación de lo establecido en el artículo 10 de la LEC y en base al artículo 158 del CC.

Por otra parte, en virtud de lo establecido en el artículo 749 de la LEC, deberá intervenir el Ministerio Fiscal debido a la existencia de un menor en el procedimiento.

TERCERO.- POSTULACIÓN

Esta parte actúa representada por procurador/a y asistida de abogado, de conformidad con lo establecido en el artículo 750 de la LEC.

CUARTO.- PROCEDIMIENTO

Esta demanda se sustanciará por los trámites del juicio verbal según el artículo 770.1.6.ª de la LEC: *«En los procesos que versen exclusivamente sobre guarda y custodia de hijos menores o sobre alimentos reclamados en nombre de los hijos menores, para la adopción de las medidas cautelares que sean adecuadas a dichos procesos se seguirán los trámites establecidos en esta Ley para la adopción de medidas previas, simultáneas o definitivas en los procesos de nulidad, separación o divorcio»*, por remisión del artículo 775.2 de la LEC.

QUINTO.- MASC

Según lo establecido en el art. 5 de la LO 1/2025, de 2 de enero, las partes han acudido a [DESCRIPCIÓN PROCESO MASC] en los términos siguientes [ESPECIFICAR] (3)

A estos efectos adjuntamos los siguientes documentos: (4)

- Documento n.° [NÚMERO].
- Documento n.° [NÚMERO].

SEXTO.- FONDO DEL ASUNTO

Cabe traer a colación los siguientes preceptos:

Artículo 90.3 del CC

«Las medidas que el juez adopte en defecto de acuerdo o las convenidas por los cónyuges judicialmente, podrán ser modificadas judicialmente o por nuevo convenio aprobado por el juez, cuando así lo aconsejen las nuevas necesidades de los hijos o el cambio de las circunstancias de los cónyuges.

Asimismo, podrá modificarse el convenio o solicitarse modificación de las medidas sobre los animales de compañía si se hubieran alterado gravemente sus circunstancias.

Las medidas que hubieran sido convenidas ante el letrado de la Administración de Justicia o en escritura pública podrán ser modificadas por un nuevo acuerdo, sujeto a los mismos requisitos exigidos en este Código».

Artículo 94 del CC

«La autoridad judicial determinará el tiempo, modo y lugar en que el progenitor que no tenga consigo a los hijos menores podrá ejercitar el derecho de visitarlos, comunicar con ellos y tenerlos en su compañía.

(...)

La autoridad judicial adoptará la resolución prevista en los párrafos anteriores, previa audiencia del hijo y del Ministerio Fiscal. Así mismo, la autoridad judicial podrá limitar o suspender los derechos previstos en los párrafos anteriores si se dieran circunstancias relevantes que así lo aconsejen o se incumplieran grave o reiteradamente los deberes impuestos por la resolución judicial (...)».

Artículo 103.1.° del CC

«(...) Excepcionalmente, los hijos podrán ser encomendados a los abuelos, parientes u otras personas que así lo consintieren y, de no haberlos, a una institución idónea, confiriéndoseles las funciones tutelares que ejercerán bajo la autoridad del juez (...)».

Artículo 158 del CC

«El Juez, de oficio o a instancia del propio hijo, de cualquier pariente o del Ministerio Fiscal, dictará:

(...)

6.º La suspensión cautelar en el ejercicio de la patria potestad y/o en el ejercicio de la guarda y custodia, la suspensión cautelar del régimen de visitas y comunicaciones establecidos en resolución judicial o convenio judicialmente aprobado y, en general, las demás disposiciones que considere oportunas, a fin de apartar al menor de un peligro o de evitarle perjuicios en su entorno familiar o frente a terceras personas (...)».

Artículo 160.1 del CC

«Los hijos menores tienen derecho a relacionarse con sus progenitores aunque éstos no ejerzan la patria potestad, salvo que se disponga otra cosa por resolución judicial o por la Entidad Pública en los casos establecidos en el artículo 161 (...)».

Artículo 775 de la LEC

«1. El Ministerio Fiscal, habiendo hijos menores o hijos con discapacidad con medidas de apoyo atribuidas a sus progenitores y, en todo caso, los cónyuges, podrán solicitar del Tribunal que acordó las medidas definitivas, la modificación de las medidas convenidas por los cónyuges o de las adoptadas en defecto de acuerdo, siempre que hayan variado sustancialmente las circunstancias tenidas en cuenta al aprobarlas o acordarlas.

2. Estas peticiones se tramitarán conforme a lo dispuesto en el artículo 770. No obstante, si la petición se hiciera por ambos cónyuges de común acuerdo o por uno con el consentimiento del otro y acompañando propuesta de convenio regulador, regirá el procedimiento establecido en el artículo 777.

3. Las partes podrán solicitar, en la demanda o en la contestación, la modificación provisional de las medidas definitivas concedidas en un pleito anterior. Esta petición se sustanciará con arreglo a lo previsto en el artículo 773».

Artículo 776 de la LEC

«Los pronunciamientos sobre medidas se ejecutarán con arreglo a lo dispuesto en el Libro III de esta ley, con las especialidades siguientes:

3.ª El incumplimiento reiterado de las obligaciones derivadas del régimen de visitas, tanto por parte del progenitor guardador como del no guardador, podrá dar lugar a la modificación por el Tribunal del régimen de guarda y visitas siempre y cuando sea acorde con la evaluación del interés superior del menor realizada previamente. **(1)**

También resultan relevantes al caso las siguientes resoluciones:

La legitimación de los abuelos respecto de todo lo relativo a la guarda y custodia de sus nietos encuentra respaldo en la interpretación extensiva del artículo 103 del CC que ha venido haciendo la jurisprudencia. En este sentido:

– El **AAP de Pontevedra n.º 25/2023, de 6 de febrero, ECLI:ES:APPO:2023:909A,** señala:

«(...) la infracción del art. 24 CE en relación con el art. 103 CC y la jurisprudencia que lo interpreta, puesto que nos hallamos ante una situación excepcional en la que ni la madre de los menores cumple con sus obligaciones como progenitora custodia, ni el padre con su obligación de abonar la pensión de alimentos, habiendo sido los demandantes los que llevan años haciéndose cargo de todos los cuidados y atenciones que requieren los menores, y, además, afrontan todos los gastos relativos a los mismos, todo lo cual pone de manifiesto **la necesidad de tutelar el interés superior de los** menores por el que han de velar las instituciones públicas y que justifica una interpretación flexible del citado precepto, conforme tiene declarado reiterada doctrina jurisprudencial».

- En la misma línea, interesa citar el **AAP de Cádiz n.º 156/2020, de 7 de julio, ECLI:ES:APCA:2020:618A**:

> «Por todo ello y atendida la doctrina jurisprudencial expuesta hemos de afirmar que los guardadores de hecho de un menor tienen legitimación para solicitar la atribución de la guarda y custodia de ese menor al amparo de lo dispuesto en el artículo 158 del Código Civil que atribuye legitimación a para evitar cualquier perjuicio al menor, como se pretende con el ejercicio de la presente demanda».

Lo anterior se ve reforzado si se interpreta conjuntamente con el principio del interés superior del menor cuya primacía en esta materia resulta patente en la jurisprudencia. Al respecto señala el Tribunal Constitucional en su **sentencia n.º 64/2019, de 9 de mayo, ECLI:ES:TC:2019:64**, que *«El interés superior del menor es la consideración primordial a la que deben atender todas las medidas concernientes a los menores "que tomen las instituciones públicas o privadas de bienestar social, los tribunales, las autoridades administrativas o los órganos legislativos" (...)»*.

Añade el Tribunal Supremo, **STS n.º 705/2021, de 19 de octubre, ECLI:ES:TS:2021:3863**, que *«(...) para valorar qué es lo que resulta más beneficioso para el menor, ha de atenderse especialmente a las **circunstancias concretas del caso**, pues no hay dos supuestos iguales, ni puede establecerse un criterio apriorístico sobre cuál sea su mayor beneficio, de modo que el tribunal debe realizar la **ponderación de cuál sea el interés superior del menor en cada caso**, ofreciendo una motivación reforzada sustentada en su mayor beneficio y con pleno respeto a sus derechos»*.

Asimismo, la **sentencia de la Audiencia Provincial de Valladolid n.º 311/2019, de 17 de julio, ECLI:ES:APVA:2019:1149**, señala:

> «El **interés superior del menor es el factor más importante y condiciona todos los demás** para relativizarlos y determinar en qué sentido ha de producirse el pronunciamiento judicial. **Servirá tanto para conceder la relación como para impedirla** pues la justa causa más relevante de concesión o de denegación de la relación será que sea favorable o perjudicial para el menor. Se protegerá el interés superior del menor cuando se adopten medidas que le sean beneficiosas o cuando con las medidas adoptadas se le eviten perjuicios. En la Exposición de Motivos de la Ley 42/2003 se dice que el interés del hijo, principio rector en nuestro derecho de familia, vertebra un conjunto de normas de protección, imprescindibles cuando las estructuras familiares manifiestan disfunciones, ya sea por situaciones de crisis matrimonial, ya sea por abandono de relaciones familiares no matrimoniales o por cumplimiento defectuoso de los deberes por parte de los progenitores. En este ámbito, la intervención de los poderes públicos debe tender a asegurar el mantenimiento de un espacio de socialización adecuado que favorezca la estabilidad afectiva y personal del menor, a tenor del mandato contemplado en el artículo 39 de la Constitución, que asegura la protección social, económica y jurídica de la familia.
> Respecto a los **criterios para averiguar y decidir cuál es el interés superior del menor o cómo se va a velar por dicho interés** se ha pronunciado la Sala Primera del Tribunal Supremo en sentencias, entre otras, de 8 de octubre de 2009 o de 11 de marzo de 2010 y expone como tales la práctica anterior de los padres en sus relaciones con el menor y sus aptitudes personales; los deseos manifestados por los menores; el número de hijos; el cumplimiento por los

progenitores de sus deberes en relación con los hijos y el respeto mutuo en sus relaciones personales y con otras personas que convivan en el hogar familiar; los acuerdos adoptados por los progenitores; la ubicación de sus respectivos domicilios, horarios y actividades de unos y otros; el resultado de los informes exigidos legalmente y cualesquiera otros que permita a los menores una vida adecuada en una convivencia que forzosamente deberá ser más compleja que la que se desarrollaba cuando los progenitores.

El factor del interés superior del menor está presente en toda la normativa reguladora del régimen de guarda y visitas que es citada constantemente en las resoluciones judiciales».

En cuanto al cambio de circunstancias, el **auto del Tribunal Supremo, rec. 5195/2021, de 11 de octubre de 2023, ECLI:ES:TS:2023:13574A**, con cita a la **sentencia del Tribunal Supremo n.° 529/2017, de 27 de septiembre, ECLI:ES:TS:2017:3378**, señala:

«(...) Ante todo cabe decir que el art. 90.3 CC establece que:
"3. Las medidas que el Juez adopte en defecto de acuerdo o las convenidas por los cónyuges judicialmente podrán ser modificadas por los cónyuges judicialmente o por nuevo convenio aprobado por el Juez, cuando así lo aconsejen las nuevas necesidades de los hijos o el cambio de las circunstancias de los cónyuges.".
La transcrita redacción viene a recoger la postura jurisprudencial que daba **preeminencia al interés del menor en el análisis de las cuestiones relativas a la protección, guarda y custodia, considerando que las nuevas necesidades de los hijos no tendrán que sustentarse en un cambio «sustancial», pero si cierto. (STS 346/2016, de 24 de mayo)»**.

Finalmente, la **sentencia de la Audiencia Provincial de Madrid n.° 662/2018, de 17 de julio, ECLI:ES:APM:2018:12147**, se refiere a la supresión del régimen de visitas en los términos siguientes:

«(...) sólo es posible la **supresión del régimen de visitas, la restricción o la suspensión**, y en una correcta interpretación de lo dispuesto en el artículo 94 del texto legal citado , cuando por circunstancias, aún no dependientes del progenitor no custodio, en el orden personal, familiar, psicológico, material, etc., no sea posible propiciar dicha comunicación personal entre aquellos y dicho progenitor no custodio en cuanto que dicha **relación personal pudiera perjudicar o incidir negativamente en el desarrollo integral de los menores»**.

SÉPTIMO.- COSTAS

Se impondrán las costas a la parte demandada en caso de que se oponga a lo aquí solicitado de conformidad con lo establecido en el artículo 394 de la LEC.

Por todo lo expuesto,

SUPLICO AL JUZGADO/A LA SECCIÓN:

Que, teniendo por presentado este escrito junto con los documentos que lo acompañan y sus copias, me tenga por comparecido y parte en la representación que ostento, entendiéndose conmigo las sucesivas actuaciones, tenga por formulada solicitud de modificación de medidas frente a don/doña [NOMBRE_PARTE_CONTRARIA] y don/doña [NOMBRE_PARTE_CONTRARIA], y, tras los trámites oportunos, dicte resolución modificando las medidas definitivas establecidas en la sentencia [DESCRIPCIÓN] acordando la **supresión del régimen de visitas y comunicaciones** del menor [NOMBRE] con sus progenitores o, **subsidiariamente**, la modificación de dicho régimen en los términos siguientes:

- Encuentros del menor con cada uno de los progenitores una vez al mes durante 2 horas en un punto de encuentro y bajo supervisión que permita cancelar la visita en cualquier momento si el estado del menor así lo aconseja.
- Llamadas telefónicas una vez a la semana entre las 18:00 h y las 19:00 h.

Es justicia que pido en [LOCALIDAD], a [DÍA] de [MES] de [AÑO].

Letrado/a: Don/Doña [NOMBRE_ABOGADO_CLIENTE]

Procurador/a: Don/Doña [NOMBRE_PROCURADOR_CLIENTE]

OTROSÍ DIGO: es intención de esta parte cumplir con todos los requisitos legales por lo que, a tenor de lo previsto en el artículo 231 de la LEC, se solicita el traslado de cualquier defecto de que adolezca la presente solicitud, para su inmediata subsanación.

En consecuencia,

SUPLICO AL JUZGADO/A LA SECCIÓN:

Que se tenga por efectuada la anterior manifestación a los efectos oportunos.

Es justicia que pido en fecha y lugar *ut supra.*

Letrado/a: Don/Doña [NOMBRE_ABOGADO_CLIENTE]

Procurador/a: Don/Doña [NOMBRE_PROCURADOR_CLIENTE]

---

(1) El RD-ley 6/2023, de 19 de diciembre, modifica el artículo 776.3 de la LEC con entrada en vigor el 20/03/2024. El extracto mostrado en este formulario constituye la versión vigente desde esa fecha.

(2) Por la reforma realizada por la LO 1/2025, de 2 de enero, una vez implantados de forma efectiva los tribunales de instancia (D.T. 1.ª), todas las referencias realizadas a los juzgados unipersonales se entenderán realizadas a las secciones del orden jurisdiccional correspondiente de los tribunales de instancia. En este caso, el art. 86 de la LOPJ atribuye esta materia a la Sección de Familia, Infancia y Capacidad.

(3) De acuerdo con el segundo párrafo del art. 399.3 de la LEC se hará constar en la demanda la descripción del proceso de negociación previo llevado a cabo o la imposibilidad del mismo, conforme a lo establecido en el ordinal 4.o del artículo 264, y se manifestarán, en su caso, los documentos que justifiquen que se ha acudido a un medio adecuado de solución de controversias, salvo en los supuestos exceptuados en la Ley de este requisito de procedibilidad.

(4) Documentos que acrediten haberse intentado la actividad negociadora previa a la vía judicial cuando la ley exija dicho intento como requisito de procedibilidad, o declaración responsable de la parte de la imposibilidad de llevar a cabo la actividad negociadora previa a la vía judicial por desconocer el domicilio de la parte demandada o el medio por el que puede ser requerido.

Demanda solicitando la guarda y custodia de menores por abuelos por prisión y falta de interés de progenitores

A TENER EN CUENTA. Por la reforma realizada por la LO 1/2025, de 2 de enero, una vez implantados de forma efectiva los tribunales de instancia (D.T. 1.ª), todas las referencias realizadas a los juzgados unipersonales se entenderán realizadas a las secciones del orden jurisdiccional correspondiente de los tribunales de instancia. En este caso, el art. 86 de la LOPJ atribuye esta materia a la Sección de Familia, Infancia y Capacidad.

Al estar solicitando medidas previstas en el art. 158 del CC, no es necesario acudir a un MASC, por encontrarse exceptuado de ellos. (Art. 5.2 de la LO 1/2025, de 2 de enero).

AL JUZGADO DE PRIMERA INSTANCIA DE [LOCALIDAD]/**SECCIÓN DE FAMILIA DEL TRIBUNAL DE INSTANCIA DE** [ESPECIFICAR] **(1)**

Don/Doña [NOMBRE_PROCURADOR_CLIENTE] procurador/a de los tribunales, en nombre y representación de **don/doña** [NOMBRE_CLIENTE], y **don/doña** [NOMBRE_CLIENTE], cuya representación se acredita por medio de la oportuna copia de escritura de poder que acompaño, de la que intereso su devolución previo testimonio literal en los autos que se formen, ante el juzgado/la sección comparezco bajo la dirección técnica letrada de **don/doña** [NOMBRE_ABOGADO_CLIENTE] con n.º [NUMEROCOLEGIADO_ABOGADO_CLIENTE] de colegiado/a del Ilustre Colegio de Abogados de [LOCALIDAD] con despacho profesional en [LOCALIDAD] y como mejor proceda en derecho,

DIGO

Mediante el presente escrito en nombre de mi mandante formulo **DEMANDA DE JUICIO VERBAL** contra don/doña [NOMBRE_PARTECONTRARIA], provisto/a de DNI n.º [DNI] con domicilio en esta localidad, [DOMICILIO_PARTECONTRARIA], para la suspensión de la guarda y custodia del/de la menor [NOMBRE] que hoy ostentan sus progenitores y se acuerde la tutela del mismo por sus abuelos paternos/maternos, de conformidad con el artículo 103 del Código Civil y los siguientes,

HECHOS

PRIMERO.- Mis mandantes son los progenitores de don/doña [NOMBRE]; y, a su vez, abuelos paternos/maternos del/de la menor [NOMBRE], quienes se encuentran en plenas facultades físicas y psíquicas. Se acompañan los siguientes documentos:

- **Documento n.º** [NÚMERO], certificación literal de matrimonio de mis patrocinados.

- **Documento n.º** [NÚMERO], certificación literal de matrimonio de los progenitores del/de la menor.

- **Documento n.º** [NÚMERO], certificación literal de nacimiento del/la hijo/a de mis poderdantes.

- **Documento n.º** [NÚMERO], certificación literal de nacimiento del/de la nieto/a de mis patrocinados.

SEGUNDO.- Desde [FECHA] el menor viene conviviendo con don/doña [NOMBRE CLIENTE] y don/doña [NOMBRE CLIENTE] abuelos maternos/paternos del/la menor don/doña [NOMBRE].

Por un lado su hijo/a don/doña [NOMBRE] desde [FECHA] está privado de libertad por la comisión de un delito de [ESPECIFICAR] y el otro/a progenitor/a no se viene haciendo cargo del/la menor desde [FECHA] descuidando completamente el cumplimiento de los deberes inherentes a la patria potestad, y dadas las deficiencias en estas obligaciones está exento/a de capacidad para velar por el cuidado de su hijo/a, alimentarlo/a, educarlo/a y procurarle una formación integral., incluso a día de hoy es desconocido por parte de mis mandantes el domicilio de este progenitor/a.

Asimismo, el/la psicólogo/a del centro donde el/la menor cursa sus estudios ha extendido informe sobre el perjuicio que la convivencia con el/la progenitor/a y los perjuicios psicológicos que le podría causar el hecho de que en algún momento se hiciera cargo de su guarda y custodia, acompañándose con el **documento n.º** [NÚMERO].

Desde [FECHA], los abuelos del/la menor son los que se hacen cargo del cuidado y atención diaria de este en todos los sentido, dado la situación de ambos progenitores, uno en prisión y otro en paradero desconocido.

Asimismo, mi representados se vienen encargada desde [FECHA] del pago de la escolarización del/de la menor y otros gastos esenciales para su educación y formación. Se acredita el pago mensual del colegio donde recibe su enseñanza con el **documento n.º** [NÚMERO] y el pago de material escolar, ropa, medicamentos, etc., con los **documentos del n.º** [NÚMERO] **al n.º** [NÚMERO].

TERCERO.- Ante todo lo anterior queda demostrado el permanente interés de los abuelos por las necesidades del/de la menor, teniendo en cuenta su interés superior, como dispone el art. 3.1 de la Convención sobre los Derechos del Niño adoptada por la Asamblea General de las Naciones Unidas el 20 de noviembre de 1989 y, por ende, el interés necesitado de protección del/de la menor.

Por todo ello son mis mandantes los idóneos para ejercer la tutela del/de la menor, a quienes le une un vínculo más afectivo, sobre todo teniendo en cuenta el estado en el que se encuentra la parte demandada y el grave deterioro de la convivencia familiar y en tanto no varíe su actitud.

A los anteriores hechos son de aplicación los siguientes:

FUNDAMENTOS DE DERECHO

I.- JURISDICCIÓN Y COMPETENCIA

Conforme lo dispuesto en el art. 21.1 de la LOPJ y art. 36 de la LEC, los tribunales españoles del orden civil son los competentes para conocer de la acción que se ejercita.

La competencia (objetiva y funcional) le corresponde a los órganos judiciales españoles, de conformidad con lo establecido en el art. 117 de la Constitución Española corresponde a los órganos judiciales españoles el ejercicio de la potestad jurisdiccional, juzgando y haciendo ejecutar lo juzgado; y, de acuerdo con lo previsto en el art. 86 de la LOPJ y los artículos 44 y 45 de la LEC y art. 61 de la misma Ley procesal, el conocimiento de este litigio corresponde a los juzgados de primera instancia/sección de familia, en cuanto dicha norma no los atribuye a otros juzgados o tribunales, teniendo aquellos competencia para conocer del presente procedimiento y de todas sus incidencias y de la ejecución de la sentencia que se dicte o convenios y transacciones que aprobaren.

Territorialmente le corresponde al juzgado al que me dirijo, de conformidad con lo dispuesto en el apartado 3 del artículo 769 de la LEC que establece que *«en los procesos que versen exclusivamente sobre guarda y custodia de hijos menores o sobre alimentos reclamados por un progenitor contra el otro en nombre de los hijos menores, será competente el Juzgado de Primera Instancia del lugar del último domicilio común de los progenitores. En el caso de residir los progenitores en distintos partidos judiciales, será Tribunal competente, a elección del demandante, el del domicilio del demandado o el de la residencia del menor».* (1)

II.- CAPACIDAD Y LEGITIMACIÓN

Los demandantes y la parte demandada, por ser personas físicas en el pleno ejercicio de sus derechos civiles, conforme determinan los arts. 6 y 7 de la LEC pueden ser parte en los procesos ante los tribunales civiles y pueden comparecer en juicio; y, a tenor del art. 10 de la citada LEC, la legitimación activa de mis representados resulta irrefutable al ser los abuelos paternos/maternos del/de la menor; y, en cuanto a la legitimación pasiva corresponde al/a la viudo/a del/de la hijo/a de mis mandantes, progenitor/a del menor, quien tiene atribuida la patria potestad y guarda y custodia del mismo.

Y, de otro modo, mis patrocinados están legitimados para la presentación de esta demanda en virtud de lo dispuesto en el art. 158 del CC, dado que este establece que a instancia de cualquier pariente o del Ministerio Fiscal, el juez dictará las medidas convenientes para asegurar la prestación de alimentos y proveer a las futuras necesidades del hijo, en caso de incumplimiento de este deber, por sus progenitores (ordinal 1.º) y la suspensión cautelar en el ejercicio de la patria potestad y/o en el ejercicio de la guarda y custodia, la suspensión cautelar del régimen de visitas y comunicaciones establecidos en resolución judicial o convenio judicialmente aprobado y, en general, las demás disposiciones que considere oportunas, a fin de apartar al menor de un peligro o de evitarle perjuicios en su entorno familiar o frente a terceras personas (apartado 6).

Legitimación que también tiene la aquiescencia jurisprudencial, en este sentido la **sentencia de la Audiencia Provincial de Lugo n.º 40/2016, de 21 de enero, ECLI:ES:APLU:2016:54**, señala:

> «(...) es claro que los guardadores de hecho de un menor tienen legitimación para solicitar la atribución de la guarda y custodia de ese menor al amparo de lo dispuesto en el artículo 158 CC que atribuye legitimación a para evitar cualquier perjuicio al menor, como se pretende con el ejercicio de la presente demanda».

En la misma línea se pronuncia el auto de la Audiencia Provincial de Cádiz n.º 156/2020, de 7 de julio, ECLI:ES:APCA:2020:618A.

Asimismo, el **auto de la Audiencia Provincial de Pontevedra n.º 25/2023, de 6 de febrero, ECLI:ES:APPO:2023:909A**, legitima a unos abuelos para solicitar la custodia de sus nietos señalando al respecto:

> «(...) los actores están legitimados para ejercitar la acción planteada, en el sentido de que actúan como titulares de una relación jurídica que les habilita para instar lo que solicitan, según se desprende de una interpretación sistemática y teleológica de los arts. 92, 103, 156 y 158 del Código Civil, en relación con los arts. 1 y 2 apartados 1º y 2º a) de la Ley Orgánica 1/1996, de 15 de enero, de Protección Jurídica del Menor, y la jurisprudencia (...)».

III.- INTERVENCIÓN DEL MINISTERIO FISCAL

Es preceptiva la intervención del Ministerio Fiscal de conformidad con lo estipulado en el apartado 2 del artículo 749 de la LEC.

IV.- POSTULACIÓN Y DEFENSA

De conformidad con lo dispuesto en los artículos 23, 31 y 750, todos ellos de la LEC, las partes han de comparecer representadas por procurador legalmente habilitado y bajo asistencia letrada.

V.- CLASE DE JUICIO Y PROCEDIMIENTO

Los procedimientos sobre guarda y custodia de menores se sustanciarán por los trámites del juicio verbal, de conformidad con lo establecido en el artículo 753 de la LEC.

VI.- FONDO DEL ASUNTO

Esta demanda tiene su fundamento en lo establecido en el art. 158 del CC, donde se señala que:

> «El Juez, de oficio o a instancia del propio hijo, de cualquier pariente o del Ministerio Fiscal, dictará:
>
> 1.º Las medidas convenientes para asegurar la prestación de alimentos y proveer a las futuras necesidades del hijo, en caso de incumplimiento de este deber, por sus padres.
>
> (...)
>
> 6.º La suspensión cautelar en el ejercicio de la patria potestad y/o en el ejercicio de la guarda y custodia, la suspensión cautelar del régimen de visitas y comunicaciones establecidos en resolución judicial o convenio judicialmente aprobado y, en general, las demás disposiciones que considere oportunas, a fin de apartar al menor de un peligro o de evitarle perjuicios en su entorno familiar o frente a terceras personas. (...)».

Y es el **art. 103 del CC**, el que autoriza al juez, excepcionalmente, a encomendar a los hijos a abuelos, parientes u otras personas que así lo consintieren y, de no haberlos, a una institución idónea, confiriéndoseles las funciones tutelares.

A las normas sustantivas hay que añadir la consistente doctrina jurisprudencial existente a este respecto pudiéndose nombrar entre otras la **sentencia del Tribunal Supremo, rec. 3389/1990, de 12 de febrero, ECLI:ES:TS:1992:1078**, que confirma la atribución de la custodia a los abuelos del menor.

Así también, lo referido por las audiencias provinciales, a tal ejemplo citar la **sentencia de la Audiencia Provincial de Cuenca n.º 219/2016, de 20 de diciembre, ECLI:ES:APCU:2016:444**, conforme a la cual:

> «4º.- No se ha evidenciado ni constatado, por el contrario, que los abuelos paternos no estén capacitados para el correcto y adecuado desempeñó de la guarda y custodia, a presar de su avanzada edad. En atención a lo expuesto, procede el mantenimiento de la guarda y custodia a favor de los abuelos paternos no siendo adecuado ni el otorgamiento de la guarda y custodia a la madre ni el establecimiento de un sistema de acogimiento familiar pretendido en la demanda rectora».

También la sentencia de la Audiencia Provincial de Navarra n.º 40/2022, de 1 de febrero, ECLI:ES:APNA:2022:195, en la que atendiendo a la estabilidad de la menor, declara:

> «A la vista de ello entendemos que se dan todas las circunstancias para considerar acreditada la situación de excepcionalidad que conforme al contenido del artículo 103 CC permite la atribución de la guarda y custodia de la menor a la abuela materna. No se pretende con ello romper los lazos entre padre e hija sino mantener la estabilidad de Felicisima».

De acuerdo con el primer párrafo del **artículo 93 del CC**:

> «El Juez, en todo caso, determinará la contribución de cada progenitor para satisfacer los alimentos y adoptará las medidas convenientes para asegurar la efectividad y acomodación de las prestaciones a las circunstancias económicas y necesidades de los hijos en cada momento».

El **artículo 94 del CC** reza:

> «La autoridad judicial podrá limitar o suspender los derechos previstos en los párrafos anteriores si se dieran circunstancias relevantes que así lo aconsejen o se incumplieran grave o reiteradamente los deberes impuestos por la resolución judicial».

Ya por último interesa a esta parte traer a colación la **sentencia de la Audiencia Provincial de Oviedo n.º 439/2018, de 27 de noviembre, ECLI:ES:APO:2018:3682**, que estima el recurso de apelación del progenitor y declara que la madre de la menor quede privada de la patria potestad sobre su hija, pero sin que ello conlleve a que deba modificarse la situación actual de guarda y custodia de los abuelos maternos, ambos progenitores están en la misma situación en la que ninguno de ellos puede asumir en condiciones la guarda y custodia de la hija de ambos.

VII.- *IURA NOVIT CURIA*

En todo lo no invocado resulta de aplicación el principio *iura novit curia*, plasmado en el párrafo segundo del punto primero del artículo 218 de la Ley de Enjuiciamiento Civil, en virtud del cual serán aplicables las demás normas que sean de pertinente, especial o general aplicación, y que el juzgador podrá tener en cuenta de oficio sin necesidad de que hayan sido previamente alegadas o invocadas por alguna de las partes intervinientes.

VIII.- COSTAS

Procede la condena en costas a la parte demandada conforme el art. 394.1 de la LEC.

Por lo expuesto,

SUPLICO AL JUZGADO/A LA SECCIÓN:

Que tenga por presentado este escrito junto con los documentos y copias que se acompañan, se sirva admitirlo, formando los oportunos autos, teniéndome por parte en la representación que ostento, ordenando se entiendan conmigo las sucesivas diligencias, tenga por promovido juicio declarativo verbal contra don/doña [NOMBRE_PARTECONTRARIA] y, previo traslado y emplazamiento a esta y al Ministerio Fiscal, se dicte sentencia estimando íntegramente esta demanda en la que se interesa:

- Se limite el ejercicio de la patria potestad de don/doña [NOMBRE PROGENITOR/A] y don/doña [NOMBRE PROGENITOR/A].

- Se mantenga y reconozca el ejercicio de la guarda y custodia a don/doña [NOMBRE CLIENTE] y don/doña [NOMBRE CLIENTE] abuelos maternos/paternos de don/doña [NOMBRE MENOR] entendiéndose como medida cautelar y revisable si cambian las circunstancias de inestabilidad de los progenitores que han llevado a la presentación de esta demanda.

- Se otorgue a mis mandantes don/doña [NOMBRE_CLIENTE], y don/doña [NOMBRE_CLIENTE] la tutela del/de la menor don/doña [NOMBRE MENOR], sin perjuicio de que se establezcan las medidas que se estimen oportunas atendidas las circunstancias y durante el tiempo que el tribunal estime necesario hasta que los progenitores acrediten la posibilidad de asumir plenamente sus obligaciones.

- Se establezca una pensión de alimentos mensual a cargo de ambos progenitores de [CANTIDAD] euros.

- Se impongan las costas a la parte demandada.

Es justicia que pido en [LOCALIDAD] a [DIA] de [MES] de [AÑO].

Fdo.: Don/Doña [NOMBRE_ABOGADO]   Fdo.: Don/Doña [NOMBRE_
                                                           PROCURADOR]

Col. n.º: [NUMERO_ABOGADO]   Col. n.º: [NUMERO_PROCURADOR]

---

(1) Por la reforma realizada por la LO 1/2025, de 2 de enero, una vez implantados de forma efectiva los tribunales de instancia (D.T. 1.ª), todas las referencias realizadas a los juzgados unipersonales se entenderán realizadas a las secciones del orden jurisdiccional correspondiente de los tribunales de instancia. En este caso, el art. 86 de la LOPJ atribuye esta materia a la Sección de Familia, Infancia y Capacidad.

Demanda de solicitud de custodia de menores por otros familiares

A TENER EN CUENTA. Por la reforma realizada por la LO 1/2025, de 2 de enero, una vez implantados de forma efectiva los tribunales de instancia (D.T. 1.ª), todas las referencias realizadas a los juzgados unipersonales se entenderán realizadas a las secciones del orden jurisdiccional correspondiente de los tribunales de instancia. En este caso, el art. 86 de la LOPJ atribuye esta materia a la Sección de Familia, Infancia y Capacidad.

Al estar solicitando medidas previstas en el art. 158 del CC, no es necesario acudir a un MASC, por encontrarse exceptuado de ellos. (Art. 5.2 de la LO 1/2025, de 2 de enero).

AL JUZGADO DE PRIMERA INSTANCIA DE [LOCALIDAD]/**SECCIÓN DE FAMILIA DEL TRIBUNAL DE INSTANCIA DE** [ESPECIFICAR] **(1)**

Don/Doña [NOMBRE_PROCURADOR_CLIENTE] procurador/a de los tribunales, en nombre y representación de **don/doña** [NOMBRE_CLIENTE], y **don/doña** [NOMBRE_CLIENTE], cuya representación se acredita por medio de la oportuna copia de escritura de poder que acompaño, de la que intereso su devolución previo testimonio literal en los autos que se formen, ante el juzgado/la sección comparezco bajo la dirección técnica de don/doña [NOMBRE_ABOGADO_CLIENTE] con n.º [NÚMERO_COLEGIADO_ABOGADO_CLIENTE] de colegiado/a del Ilustre Colegio de Abogados de [LOCALIDAD] con despacho profesional en [LOCALIDAD] y como mejor proceda en derecho,

DIGO

Mediante el presente escrito en nombre de mi mandante formulo **DEMANDA DE JUICIO VERBAL** contra **don/doña** [NOMBRE_PARTECONTRARIA], provisto/a de DNI n.º [DNI] con domicilio en esta localidad, [DOMICILIO_PARTECONTRARIA], para la suspensión de la guarda y custodia del/de la menor [NOMBRE] que hoy ostenta el/la progenitor/a y demandado/a y se acuerde la tutela del mismo por sus abuelos paternos/maternos, de conformidad con el artículo 103 del Código Civil y los siguientes,

HECHOS

PRIMERO.- Mi mandante es hermana del/de la fallecido/a don/doña [NOMBRE]; y, a su vez, tía paterna/materna del/de la menor [NOMBRE], quien se encuentra en plenas facultades físicas y psíquicas. Se acompañan los siguientes documentos:

- **Documento n.º** [NÚMERO], libro de familia de don/doña [ABUELO/A MENOR] y don/doña [ABUELO/A MENOR] que acredita que el/la fallecido/a don/doña [NOMBRE] es hermano/a de mi mandante.

- **Documento n.º** [NÚMERO], certificación literal de nacimiento del/de la difunto/a hermano/a de mi poderdante.

- **Documento n.º** [NÚMERO], certificación literal de defunción del/la hermano/a de mi poderdante.

- **Documento n.º** [NÚMERO], certificación literal de nacimiento del/ la sobrino/a de mi patrocinada.

SEGUNDO.- El/La progenitor/a del/de la menor, hoy demandado/a, desde el fallecimiento de su cónyuge viene descuidando el cumplimiento de los deberes inherentes a la patria potestad, y dadas las deficiencias en estas obligaciones está exento/a de capacidad para velar por el cuidado de su hijo/a, alimentarlo/a, educarlo/a y procurarle una formación integral.

Asimismo, el/la psicólogo/a del centro donde el/la menor cursa sus estudios ha extendido informe sobre el perjuicio que la convivencia con el/la progenitor/a le podría llegar a ocasionar y los perjuicios psicológicos que podría sufrir, acompañándose con el **documento n.º** [NÚMERO].

Desde hace más de un año, la tía materna/paterna del/la menor es la que se hace cargo del cuidado y atención diaria de este/a, en todos los sentidos, dado el estado en que se encuentra el/la progenitor/a, que sufre [DESCRIPCIÓN], pese a ostentar don/doña [NOMBRE PARTE CONTRARIA] la guarda y custodia de el/la menor.

Estas situaciones evidencian un gran perjuicio al/a la menor que lo/la desestabilizan en su desarrollo personal, social y educativo, en detrimento de su proyección familiar y social futura.

Mi representada se viene encargando desde [FECHA] del pago de la escolarización del/de la menor y otros gastos esenciales para su educación y formación. Se acredita el pago mensual del colegio donde recibe su enseñanza con el **documento n.º** [NÚMERO] y el pago de material escolar, ropa, medicamentos, etc., con los **documentos del n.º** [NÚMERO] **al n.º** [NÚMERO].

Por último, señalar que el/la menor no tiene abuelos ni por parte paterna ni materna, quienes fallecieron antes del nacimiento de este/a, siendo mi representada la pariente más próxima al/a la menor y con la que ha tenido una relación más estrecha y diaria.

TERCERO.- Ante todo lo anterior queda demostrado el permanente interés de la tía por las necesidades del/de la menor, teniendo en cuenta su interés superior, como dispone el art. 3.1 de la Convención sobre los Derechos del Niño adoptada por la Asamblea General de las Naciones Unidas el 20 de noviembre de 1989 y, por ende, el interés necesitado de protección del/de la menor.

Por todo ello es mi mandante la idónea para ejercer la tutela del/de la menor, a quien le une un vínculo más afectivo, si cabe, desde el fallecimiento de su hermano/hermana, sobre todo teniendo en cuenta el estado en el que se encuentra la parte demandada y el grave deterioro de la convivencia familiar en tanto no varíe su actitud.

A los anteriores hechos son de aplicación los siguientes:

FUNDAMENTOS DE DERECHO

I.- JURISDICCIÓN Y COMPETENCIA

Conforme lo dispuesto en el art. 21.1 de la LOPJ y art. 36 de la LEC, los tribunales españoles del orden civil son los competentes para conocer de la acción que se ejercita.

La competencia (objetiva y funcional) le corresponde a los órganos judiciales españoles, de conformidad con lo establecido en el art. 117 de la Constitución Española corresponde a los órganos judiciales españoles el ejercicio de la potestad jurisdiccional, juzgando y haciendo ejecutar lo juzgado; y, de acuerdo con lo previsto en el art. 86 de la LOPJ y los artículos 44 y 45 de la LEC y art. 61 de la misma ley procesal, el conocimiento de este litigio corresponde a los juzgados de primera instancia/sección de familia, en cuanto dicha norma no los atribuye a otros juzgados o tribunales, teniendo aquellos competencia para conocer del presente procedimiento y de todas sus incidencias y de la ejecución de la sentencia que se dicte o convenios y transacciones que aprobaren.

Territorialmente le corresponde al juzgado al que me dirijo, de conformidad con lo dispuesto en el apartado 3 del artículo 769 de la LEC que establece que *«en los procesos que versen exclusivamente sobre guarda y custodia de hijos menores o sobre alimentos reclamados por un progenitor contra el otro en nombre de los hijos menores, será competente el Juzgado de Primera Instancia del lugar del último domicilio común de los progenitores. En el caso de residir los progenitores en distintos partidos judiciales, será Tribunal competente, a elección del demandante, el del domicilio del demandado o el de la residencia del menor».* (1)

II.- CAPACIDAD Y LEGITIMACIÓN

La demandante y la parte demandada, por ser personas físicas en el pleno ejercicio de sus derechos civiles, conforme determinan los arts. 6 y 7 de la LEC pueden ser parte en los procesos ante los tribunales civiles y pueden comparecer en juicio; y, a tenor del art. 10 de la citada Ley procesal, la legitimación activa de mis representados resulta irrefutable al ser los abuelos paternos/maternos del/de la menor; y, en cuanto a la legitimación pasiva corresponde al/a la viudo/a del/de la hijo/a de mis mandantes, progenitor/a del menor, quien tiene atribuida la patria potestad y guarda y custodia del mismo.

Y, de otro modo, mis patrocinada está legitimada para la presentación de esta demanda en virtud de lo dispuesto en el art. 158 del CC, dado que este establece que a instancia de cualquier pariente o del Ministerio Fiscal, el juez dictará las medidas convenientes para asegurar la prestación de alimentos y proveer a las futuras necesidades del hijo, en caso de incumplimiento de este deber, por sus progenitores (ordinal 1.º) y la suspensión cautelar en el ejercicio de la patria potestad y/o en el ejercicio de la guarda y custodia, la suspensión cautelar del régimen de visitas y comunicaciones establecidos en resolución judicial o convenio judicialmente aprobado y, en general, las demás disposiciones que considere oportunas, a fin de apartar al menor de un peligro o de evitarle perjuicios en su entorno familiar o frente a terceras personas (apartado 6).

Asimismo, el Tribunal Supremo en su **sentencia n.º 492/2018, de 14 de septiembre, ECLI:ES:TS:2018:3154**, recuerda:

> «Las relaciones de familia, por su especial naturaleza, requieren un tratamiento susceptible en algunos casos de una interpretación conjunta y armónica de las normas que rigen los derechos y obligaciones de quienes la integran. No se trata de desconocer la ley sino de aplicarla conforme a su finalidad y principios fundamentales que la integran con especial preeminencia del interés superior del menor que, como estatuto jurídico indisponible de los menores de edad (sentencia TC 141/2000, de 29 de mayo), se debe tener en cuenta en todos los procedimientos que los afectan, valorando para ello todos los datos que resulten de la prueba, conforme a los criterios expresados en el artículo 2 de la Ley Orgánica 1/1996, de 15 de enero , de protección jurídica del menor, en la redacción dada por la Ley Orgánica 8/2015, de 22 de julio, de modificación del sistema de protección de la infancia y a la adolescencia».

III.- INTERVENCIÓN DEL MINISTERIO FISCAL

Es preceptiva la intervención del Ministerio Fiscal de conformidad con lo estipulado en el apartado 2 del artículo 749 de la LEC.

IV.- POSTULACIÓN Y DEFENSA

De conformidad con lo dispuesto en los artículos 23, 31 y 750, todos ellos de la LEC, las partes han de comparecer representadas por procurador legalmente habilitado y bajo asistencia letrada.

V.- CLASE DE JUICIO Y PROCEDIMIENTO

Los procedimientos sobre guarda y custodia de menores se sustanciarán por los trámites del juicio verbal, de conformidad con lo establecido en el artículo 753 de la LEC.

VI.- FONDO DEL ASUNTO

El artículo 103 del Código Civil señala:

> «Excepcionalmente, los hijos podrán ser encomendados a los abuelos, parientes u otras personas que así lo consintieren y, de no haberlos, a una institución idónea, confiriéndoseles las funciones tutelares que ejercerán bajo la autoridad del juez».

Interesa a esta parte traer a colación la **sentencia del Tribunal Supremo n.° 47/2015, de 13 de febrero, ECLI:ES:TS:2015:253**, que señala que en casos como el presente la pauta de referencia tiene que ser necesariamente el interés superior del menor:

> «Es el interés del menor el que prima en estos casos, de un menor perfectamente individualizado, con nombre y apellidos, que ha crecido y se ha desarrollado en un determinado entorno familiar, social y económico que debe mantenerse en lo posible, si ello le es beneficioso; de un menor que a los seis años de edad sufre una experiencia traumática por el asesinato de su padre, con el que convivía, por su madre, que cumple en la actualidad condena de 18 años de cárcel, y que ha estado bajo la custodia de la tía paterna desde entonces. El interés en abstracto no basta».

Y, en cuanto al mencionado interés del menor, en este caso el Alto Tribunal, argumenta lo siguiente:

> «El menor ha tenido un entorno estable y seguro, primero con su padre (del que le privó violentamente su madre), y después, tras el asesinato, con su tía y en el entorno familiar paterno, lo que posibilitó la creación de unos vínculos afectivos muy distintos de los existentes con los abuelos que ahora pretenden reforzase a través de un cambio de custodia. El nuevo entorno con los abuelos en ningún caso garantiza que el menor establezca un sentimiento de lealtad hacia una de las familias en contra de la otra, lo que es lógico y previsible, al menos durante un tiempo, dadas las graves circunstancias que se han producido y de las que ha sido testigo directo.
> Tampoco ofrece garantías de estabilidad y no se justifica ningún cambio sustancial de las circunstancias para acordarlo, salvo el interés de los abuelos de hacerse cargo en exclusiva de la custodia, lo que contradice la jurisprudencia citada en el motivo (STS 31 de enero 2013: "Con independencia del reproche que se pudiese realizar del comportamiento de la progenitora custodia, lo que debe primar es el interés del menor")».

Por lo que, a la vista de todo lo anterior queda suficientemente acreditada la falta de capacidad para atender al/la menor adecuadamente por parte de don/doña [NOMBRE PARTE CONTRARIA], quedando los derechos de este/esta debidamente protegidos con las visitas y comunicaciones.

VII.- *IURA NOVIT CURIA*

En todo lo no invocado resulta de aplicación el principio *iura novit curia,* plasmado en el párrafo segundo del punto primero del artículo 218 de la Ley de Enjuiciamiento Civil, en virtud del cual serán aplicables las demás normas que sean de pertinente, especial o general aplicación, y que el juzgador podrá tener en cuenta de oficio sin necesidad de que hayan sido previamente alegadas o invocadas por alguna de las partes intervinientes.

VIII.- COSTAS

Procede la condena en costas a la parte demandada conforme el art. 394.1 de la LEC.

Por lo expuesto,

SUPLICO AL JUZGADO/A LA SECCIÓN:

Que tenga por presentado este escrito junto con los documentos y copias que se acompañan, se sirva admitirlo, formando los oportunos autos, teniéndome por parte en la representación que ostento, ordenando se entiendan conmigo las sucesivas diligencias, tenga por promovido juicio declarativo verbal contra don/doña [NOMBRE_PARTE_CONTRARIA] y, previo traslado y emplazamiento a esta y al Ministerio Fiscal, se dicte sentencia estimando íntegramente esta demanda en la que se interesa:

- Se suspenda la guarda y custodia del/de la menor [NOMBRE] que hoy ostenta el/la demandado/a don/doña [NOMBRE_PARTE_CONTRARIA], entendiéndose como medida cautelar y revisable si cambian las circunstancias de inestabilidad del/de la progenitor/a que han llevado a la presentación de esta demanda.

- Se otorgue a mi mandantes don/doña [NOMBRE_CLIENTE] la tutela del/de la menor, sin perjuicio de que se establezcan las medidas que se estimen oportunas atendidas las circunstancias y durante el tiempo que el tribunal estime necesario hasta que el/la progenitor/a acredite la posibilidad de asumir plenamente sus obligaciones.

- Se establezca a cargo del/de la demandado/a una pensión de alimentos de [CUANTÍA] euros.

- Se impongan las costas a la parte demandada.

Es justicia que pido en [LOCALIDAD] a [DIA] de [MES] de [AÑO].

Fdo.: Don/Doña [NOMBRE_ABOGADO]   Fdo.: Don/Doña [NOMBRE_PROCURADOR]

Col. n.º: [NÚMERO_ABOGADO]   Col. n.º: [NÚMERO_PROCURADOR]

PRIMER OTROSÍ DIGO: mi mandante plantea la siguiente **PROPUESTA DE RÉGIMEN DE VISITAS, ESTANCIA Y COMUNICACIÓN** a favor del/de la progenitor/a:

- Régimen de visitas

El/La progenitor/a del/de la menor don/doña [NOMBRE_PARTE_CONTRARIA], tendrá derecho a visitar a este/a, en el domicilio de mi mandante, durante un máximo de una hora, tanto los sábados como domingos, debiendo avisar de dicha visita a aquella con un tiempo de antelación de dos horas.

Además, dicha visita se hará siempre en presencia de mi mandante nunca quedando a salas el menor con su progenitor/a.

- Régimen de comunicaciones

El/La progenitor/a del/de la menor don/doña [NOMBRE_PARTE_CONTRARIA], tendrá derecho a comunicarse telefónicamente con este/a cuantas veces lo entiendan oportuno desde las 18:00 hasta las 20:00 horas.

En su virtud,

SUPLICO AL JUZGADO/A LA SECCIÓN:

Que tenga por propuesto el anterior régimen de relación del/de la menor con su progenitor/a, se sirva aprobarlo, sin perjuicio de llegar a transacción y pacto con la demandada.

Es justicia que se pide en lugar y fecha *ut supra*.

Fdo.: Don/Doña [NOMBRE_ABOGADO]   Fdo.: Don/Doña [NOMBRE_PROCURADOR]

Col. n.º: [NÚMERO_ABOGADO]   Col. n.º: [NÚMERO_PROCURADOR]

SEGUNDO OTROSÍ DIGO: siendo intención de esta parte cumplir con todos los requisitos legales, a tenor de lo previsto en el artículo 231 de la Ley de Enjuiciamiento Civil, se solicita se le diere traslado de cualquier defecto que adoleciere la presente demanda, para la inmediata subsanación de la misma.

En virtud de lo expuesto,

SUPLICO AL JUZGADO/A LA SECCIÓN:

Que tenga por efectuada la anterior manifestación a los efectos oportunos.

Por ser justicia, fecha y lugar *ut supra*.

Fdo.: Don/Doña [NOMBRE_ABOGADO]   Fdo.: Don/Doña [NOMBRE_PROCURADOR]

Col. n.º: [NÚMERO_ABOGADO]   Col. n.º: [NÚMERO_PROCURADOR]

---

(1) Por la reforma realizada por la LO 1/2025, de 2 de enero, una vez implantados de forma efectiva los tribunales de instancia (D.T. 1.ª), todas las referencias realizadas a los juzgados unipersonales se entenderán realizadas a las secciones del orden jurisdiccional correspondiente de los tribunales de instancia. En este caso, el art. 86 de la LOPJ atribuye esta materia a la Sección de Familia, Infancia y Capacidad.

Recurso de apelación contra resolución que inadmite demanda de guarda y custodia por falta de legitimación activa de los abuelos

Procedimiento: [NUMERO/AÑO]

A LA AUDIENCIA PROVINCIAL DE [PROVINCIA] (1)

D./D.ª [NOMBRE_PROCURADOR_CLIENTE], procurador/a de los tribunales, en nombre y representación de D./D.ª [NOMBRE_CLIENTE] y D./D.ª [NOMBRE_CLIENTE], representación que consta debidamente acreditada en autos del procedimiento [NÚMERO/AÑO], ante esta audiencia comparezco bajo la dirección letrada de D./D.ª [NOMBRE], colegiado/a n.º [NÚMERO] del Ilustre Colegio de Abogados de [LOCALIDAD], y como mejor proceda en Derecho, DIGO:

En fecha de [FECHA] fue notificado a esta parte el auto n.º [NUMERO] dictado en fecha de [FECHA] por el Juzgado de Primera Instancia de [LOCALIDAD]. Toda vez que la resolución inadmitió a trámite la demanda interpuesta por mis representados, perjudicando el interés de su nieto/a [NOMBRE], menor de edad, mediante el presente escrito vengo a INTERPONER, en el plazo de veinte días que me ha sido conferido al efecto *ex* art. 458 de la LEC, RECURSO DE APELACIÓN de conformidad con las siguientes

ALEGACIONES

PRIMERA.- El Juzgado de Primera Instancia de [LOCALIDAD], mediante auto n.º [NUMERO], de [FECHA], inadmitió a trámite la demanda de guarda y custodia de su nieto/a [NOMBRE], menor de edad, nacido en fecha [FECHA], por falta de legitimación activa, considerando como HECHOS PROBADOS que:

- [NOMBRE], menor de edad, nació en fecha [FECHA] de sus progenitores D./D.ª [NOMBRE] y D./D.ª [NOMBRE] (hijo/a de mis representados).

- En fecha [FECHA], los progenitores del/de la menor se separaron, desalojando junto con su hijo/a el domicilio en que había convivido la unidad familiar.

- D./D.ª [NOMBRE], padre/madre del/de la menor se fue a vivir solo/a a [DIRECCIÓN], desentendiéndose desde entonces del cuidado del/de la niño/a. Mientras, D./D.ª [NOMBRE] y su hijo/a se mudaron a casa de mis clientes, sita en [DIRECCIÓN].

- En virtud de sentencia n.º [NUMERO] de [FECHA], en procedimiento [NUMERO/AÑO] iniciado a instancia de D./D.ª [NOMBRE], hijo/a de mis representados, el Juzgado de Primera Instancia [NUMERO] de [LOCALIDAD] atribuyó a este/a la guardia y custodia de su hijo/a, estableciendo patria potestad compartida con el/la otro/a progenitor/a, con respecto de quien se fijó un régimen de visitas y al/a la que se le impuso una pensión de alimentos de [CANTIDAD] euros.

- En fecha [FECHA], D./D.ª [NOMBRE] abandonó el domicilio de mis mandantes, quedando el/la menor plenamente a cargo de sus abuelos. En consecuencia, los padres del/de la niño/a otorgaron escritura pública en la que reconocen la situación y conceden a los abuelos amplias facultades con relación a su nieto/a, a saber, [ESPECIFICAR].

- A fin de legalizar la situación de hecho descrita, en fecha [FECHA] mis clientes interpusieron la demanda de guardia y custodia de su nieto/a, inadmitida a trámite mediante la resolución objeto del presente recurso por falta de legitimación activa.

- (...)

Respetuosamente sostenemos que la resolución recurrida infringe los siguientes preceptos (2):

- [EJEMPLO] Infracción de los arts. 403 Y 404 LEC en relación con el art. 24 CE.
- [EJEMPLO] infracción del art. 103.1ª CC en relación con el principio de primacía del interés del menor.
- (...)

SEGUNDA.- MOTIVOS DE APELACIÓN (2)

I.- [EJEMPLO] INFRACCIÓN DE LOS ARTS. 403 y 404 LEC EN RELACIÓN CON EL ART. 24 CE

> **Art. 403 LEC:** «Admisión y casos excepcionales de inadmisión de la demanda.
> 1. Las demandas sólo se inadmitirán en los casos y por las causas expresamente previstas en esta Ley.
> 2. No se admitirán las demandas cuando no se acompañen a ella los documentos que la ley expresamente exija para la admisión de aquéllas o no se hayan intentado conciliaciones o efectuado requerimientos, reclamaciones o consignaciones que se exijan en casos especiales».

> **Art. 404.1 LEC:** «Admisión de la demanda, emplazamiento al demandado y plazo para la contestación.
> 1. El Letrado de la Administración de Justicia, examinada la demanda, dictará decreto admitiendo la misma y dará traslado de ella al demandado para que la conteste en el plazo de veinte días».

La infracción de los referidos preceptos vulnera el derecho de mis representados a la tutela judicial efectiva reconocido en el art. 24 CE.

II.- [EJEMPLO] INFRACCIÓN DEL ART. 103.1.ª CC EN RELACIÓN CON EL PRINCIPIO DE PRIMACÍA DEL INTERÉS DEL MENOR

> **Art. 103.1ª CC:** «(...) Excepcionalmente, los hijos podrán ser encomendados a los abuelos, parientes u otras personas que así lo consintieren y, de no haberlos, a una institución idónea, confiriéndoseles las funciones tutelares que ejercerán bajo la autoridad del juez».

En relación con lo preceptuado, nuestra jurisprudencia, a lo largo de numerosas sentencias, ha venido consolidando el criterio de que, en procesos sobre medidas de protección de los menores, la norma ha de interpretarse de modo que prime el interés superior del menor, evitando que la formalidad de la controversia procesal lo menoscabe. En este sentido falla el **auto de la Audiencia Provincial de Pontevedra, n.º 1438/2023, de 6 de febrero, ECLI:ES:APPO:2023:909A**, en cuyo razonamiento jurídico tercero señala que el razonamiento del juez *a quo* no se comparte: *«pues se aparta del principio esencial de interpretación de la norma conforme, o de forma que garantice, la primacía del superior interés del menor. En este sentido, cumple recordar que la jurisprudencia ha proclamado como principio rector de los procesos sobre medidas de protección de los menores la necesidad de que prevalezca su interés como principio prioritario, evitando que la formalidad de la controversia procesal pueda perjudicarlo (SSTS 21 de diciembre de 2001, 12 de julio de 2004, 23 de mayo de 2005 y 31 de julio de 2009).*

13.- Esta interpretación ya fue sostenida por esta misma Sala, mediante auto de fecha 25 de septiembre de 2013 (rollo de apelación núm. 650/2012), en el que des-

cartamos apreciar una situación de desamparo de una niña al hallarse debidamente asistida por sus abuelos, a los que se reconoció la condición de guardadores de hecho, precisamente en atención a la primacía del interés del menor, con ocasión de abordar un supuesto de oposición a la declaración administrativa de desamparo. Decisión posteriormente confirmada por el Tribunal Supremo en la sentencia 582/2014, de 27 de octubre (...)

(...)

14.- Esta postura ha sido refrendada por el Tribunal Supremo que, con base en el superior interés del menor, ha justificado la procedencia de atribuir la guarda y custodia del menor a quien no es progenitor biológico, pero se ha desenvuelto como tal, asumiendo de facto su cuidado y los deberes inherentes a la patria potestad.

Así, la STS 679/2013, de 20 de noviembre, en un caso en el que se discutía la guardia y custodia de dos niñas menores, una adoptada por el matrimonio en el año 2001, y otra, nacida en 2002, cuya filiación paterna había sido impugnada por quien pedía su guarda y custodia, en el año 2005, y determinada a favor de un tercero en el año 2006 (...)

(...)

16.- Poco después, la STS 47/2015, de 23 de febrero, admite la posibilidad de atribuir la guarda y custodia de un menor a su tía paterna, en atención a las especiales circunstancias que han rodeado la vida y crecimiento del niño, cuyo interés es el que siempre debe primar.

(...)

17.- Más recientemente, la STS 492/2018, de 14 de septiembre, casa la sentencia de apelación y confirma la de instancia, que había atribuido la guarda y custodia de una menor a la tía materna, al ser quien se había hecho cargo de la niña desde que a su madre le diagnosticaron el cáncer que determinó el fallecimiento, pese a la oposición del padre de la menor. Más concretamente, la sentencia insiste en la necesidad de interpretar la norma de acuerdo con los principios que la inspiran y, en particular, el superior interés del menor».

Los errores a los que aludimos dan lugar a una resolución perjudicial al interés superior del/de la menor, dado que [ESPECIFICAR].

III.- (...)

TERCERA.- MEDIOS DE PRUEBA

De conformidad con lo dispuesto en el art. 460 LEC en relación con el art. 270 de la misma norma (3) interesamos la práctica de:

INTERROGATORIO DE PARTE: [ESPECIFICAR]

DOCUMENTAL: [ESPECIFICAR]

TESTIFICAL: [ESPECIFICAR]

PERICIAL: [ESPECIFICAR]

(...)

Por lo expuesto,

A LA AUDIENCIA SUPLICO:

Que, recibidos los autos, dicte resolución por la que, estimando este recurso de apelación, revoque íntegramente la resolución de [FECHA], recaída en los autos [DESCRIPCIÓN] seguidos ante el Juzgado de Primera Instancia de [LOCALIDAD], considerando activamente legitimados a mis clientes para instar la guarda y custodia de su nieto/a y admitiendo a trámite la demanda por ellos interpuesta.

Por ser justicia que pido en [LOCALIDAD], a [DÍA] de [MES] de [AÑO].

[FIRMA_ABOGADO/A]   [FIRMA_PROCURADOR/A]

PRIMER OTROSÍ DIGO: de conformidad con el apartado tercero de la disposición adicional 15.ª de la LOPJ esta parte ha consignado la cantidad legalmente establecida en concepto de depósito, como se acredita mediante la copia del justificante de ingreso que aportamos como documento n.º [NÚMERO].

En su virtud,

SUPLICO:

Que tenga por efectuada la anterior manifestación a los efectos oportunos.

Es justicia que pido en el lugar y fecha *ut supra*.

[FIRMA_ABOGADO/A]   [FIRMA_PROCURADOR/A]

SEGUNDO OTROSÍ DIGO: siendo intención de esta parte cumplir con todos los requisitos legales, a tenor de lo previsto en el artículo 231 de la Ley de Enjuiciamiento Civil, se solicita se le diere traslado de cualquier defecto que adoleciere el presente escrito, para la inmediata subsanación de este.

Por ello,

SUPLICO:

Que tenga por efectuada la anterior manifestación a los efectos oportunos.

Es justicia que pido en el lugar y fecha *ut supra*.

[FIRMA_ABOGADO/A]   [FIRMA_PROCURADOR/A]

---

(1) Tras la reforma operada en el art. 458 LEC por el RD-ley 6/2023, de 19 de diciembre, con entrada en vigor el 20/03/2024, el recurso de apelación se interpone ante el tribunal competente para conocer del mismo dentro del plazo de 20 días desde la notificación de la resolución impugnada, de la cual debe acompañarse copia.
(2) Añadir de forma justificada cuantas infracciones concurran en el caso concreto.
(3) Art. 460 LEC: *«1. Sólo podrán acompañarse al escrito de interposición los documentos que se encuentren en alguno de los casos previstos en el artículo 270 y que no hayan podido aportarse en la primera instancia.*
2. En el escrito de interposición se podrá pedir, además, la práctica en segunda instancia de las pruebas siguientes:
1.ª Las que hubieren sido indebidamente denegadas en la primera instancia, siempre que se hubiere intentado la reposición de la resolución denegatoria o se hubiere formulado la oportuna protesta en la vista.

2.ª Las propuestas y admitidas en la primera instancia que, por cualquier causa no imputable al que las hubiere solicitado, no hubieren podido practicarse, ni siquiera como diligencias finales.
3.ª Las que se refieran a hechos de relevancia para la decisión del pleito ocurridos después del comienzo del plazo para dictar sentencia en la primera instancia o antes de dicho término siempre que, en este último caso, la parte justifique que ha tenido conocimiento de ellos con posterioridad».

Art. 270.1 LEC: «*1. El tribunal después de la demanda y la contestación, o, cuando proceda, de la audiencia previa al juicio, sólo admitirá al actor o al demandado los documentos, medios e instrumentos relativos al fondo del asunto cuando se hallen en alguno de los casos siguientes:*
1.º Ser de fecha posterior a la demanda o a la contestación o, en su caso, a la audiencia previa al juicio, siempre que no se hubiesen podido confeccionar ni obtener con anterioridad a dichos momentos procesales.
2.º Tratarse de documentos, medios o instrumentos anteriores a la demanda o contestación o, en su caso, a la audiencia previa al juicio, cuando la parte que los presente justifique no haber tenido antes conocimiento de su existencia.
3.º No haber sido posible obtener con anterioridad los documentos, medios o instrumentos, por causas que no sean imputables a la parte, siempre que haya hecho oportunamente la designación a que se refiere el apartado 2 del artículo 265, o en su caso, el anuncio al que se refiere el número 4.º del apartado primero del artículo 265 de la presente Ley».

Escrito solicitando la modificación de medidas respecto de un menor ante el fallecimiento del progenitor custodio

A TENER EN CUENTA. Por la reforma realizada por la LO 1/2025, de 2 de enero, una vez implantados de forma efectiva los tribunales de instancia (D.T. 1.ª), todas las referencias realizadas a los juzgados unipersonales se entenderán realizadas a las secciones del orden jurisdiccional correspondiente de los tribunales de instancia. En este caso, el art. 86 de la LOPJ atribuye esta materia a la Sección de Familia, Infancia y Capacidad.

A TENER EN CUENTA. Desde el 03/04/2025 por la reforma realizada por la LO 1/2025, de 2 de enero, se exige para la admisión de las demandas civiles el haber acudido a un medio adecuado de solución de controversias (MASC). Es el artículo 5 de la LO 1/2025, de 2 de enero, el que determina estos casos.

S/ Ref.: [NÚMERO]

Procedimiento de origen n.º [NÚMERO]

AL JUZGADO DE PRIMERA INSTANCIA N.º [NÚMERO] DE [LOCALIDAD]/SECCIÓN DE FAMILIA DEL TRIBUNAL DE INSTANCIA DE [ESPECIFICAR] (4)

Don/Doña [NOMBRE_PROCURADOR_CLIENTE] procurador/a de los tribunales y de **Don/Doña** [NOMBRE_CLIENTE], cuya representación se acredita por medio de la oportuna copia de escritura de poder que adjunto como **documento n.º** [NÚMERO], de la que intereso su devolución previo testimonio literal en autos, bajo la dirección técnica de **Don/Doña** [NOMBRE_ABOGADO_CLIENTE], abogado/a colegiado/a n.º [NÚMERO_COLEGIADO_ABOGADO_CLIENTE] del ICA de [LUGAR], ante el juzgado/la sección comparezco y, como mejor proceda en derecho, **DIGO**:

Por medio del presente escrito y al amparo de lo establecido en los artículos 90.3 del Código Civil y 748 y siguientes de la LEC, formulo **SOLICITUD DE MODIFICACIÓN DE MEDIDAS DEFINITIVAS** acordadas en la sentencia n.º [NÚMERO] de [FECHA], dictada por el juzgado/la sección al/a la que me dirijo, frente a Don/Doña [NOMBRE_PARTE_CONTRARIA] y Don/Doña [NOMBRE_PARTE_CONTRARIA], con domicilio en [DOMICILIO], con base en los siguientes hechos y fundamentos de derecho.

HECHOS

PRIMERO.- Del matrimonio

Mi mandante contrajo matrimonio con Don/Doña [NOMBRE_CÓNYUGE] en [LOCALIDAD] el [FECHA] como se así se acredita acompañando certificado de matrimonio como **documento n.º** [NÚMERO].

Fruto del matrimonio tuvieron dos hijos, don/doña [NOMBRE] y don/doña [NOMBRE], que actualmente cuentan con [NÚMERO] y [NÚMERO] años de edad. Se acompañan como **documentos n.º** [NÚMERO] **y n.º** [NÚMERO], certificados de nacimiento de los menores **(1)**.

SEGUNDO.- De la sentencia de divorcio

Con fecha [FECHA], se dictó sentencia n.º [NÚMERO] por el Juzgado de Primera de Instancia n.º [NÚMERO] de [LUGAR] en la que se acordó la disolución del matrimonio por divorcio entre mi mandante y Don/Doña [NOMBRE_CÓNYUGE], así como las siguientes medidas respecto de los menores:

- Patria potestad compartida entre ambos progenitores.

- Guardia y custodia exclusiva a cargo de Don/Doña [NOMBRE_PROGENITOR].

- Domicilio de los menores en [DIRECCIÓN], con obligación de mantener su lugar de residencia a un máximo de [NÚMERO] km del domicilio de mi mandante.

- Régimen amplio de visitas y comunicaciones de los menores con mi mandante en los términos siguientes [ESPECIFICAR].

- Pensión de alimentos a cargo de mi mandante de [NÚMERO] euros.

- [ESPECIFICAR] (2).

Se acompaña como **documento n.º** [NÚMERO] la sentencia de divorcio.

TERCERO.- Cambio de las circunstancias

Desde el momento de la sentencia de divorcio las circunstancias han variado de forma sustancial por causas ajenas a mi mandante.

Don/Doña [NOMBRE], progenitor/a que ostentaba la guarda y custodia de los menores con aquiescencia de mi mandante, ha fallecido en fecha [FECHA]. Se acompaña certificado de fallecimiento como **documento n.º** [NÚMERO].

Hasta este momento, mi mandante y Don/Doña [NOMBRE_PROGENITOR/A_CUSTODIO/A] han tenido muy buena relación respetando escrupulosamente todo lo acordado en la sentencia y manteniendo un régimen de visitas y comunicaciones de mi representado/a con los menores muy amplio y con gran flexibilidad entre ambas partes, siempre atendiendo al beneficio de los menores. Esto ha fomentado que, pese a la falta de convivencia de mi mandante con los menores, la relación con ellos no se haya visto alterada en gran medida, en tanto ambos progenitores han estado presentes en la vida de sus hijos siempre que lo han necesitado y dentro de una absoluta relación de normalidad entre progenitores e hijos.

Tras el fallecimiento de Don/Doña [NOMBRE_PROGENITOR/A_CUSTODIO/A], los menores han venido alternando entre el domicilio de mi mandante y el de sus abuelos [MATERNOS/PATERNOS] donde residían con su progenitor/a fallecido/a y que se encuentran a [NÚMERO] km. Asimismo, ha sido mi mandante el que desde ese momento se ha ocupado de todo lo que tiene que ver con los menores, con la colaboración de familiares, de manera que aquellos sufran de la menor forma posible el cambio de las circunstancias.

CUARTO.- Nuevas medidas

Por todo lo que se acaba de exponer se entiende más beneficioso para los menores regularizar su situación actual y establecer:

- Un sistema de guarda y custodia exclusiva a favor de mi mandante.

- Un régimen de visitas y comunicaciones con los abuelos y demás familiares.

- El domicilio de los menores en [DIRECCIÓN], lugar de residencia de mi mandante donde han pasado gran parte del tiempo desde el fallecimiento de su progenitor/a.

- La cancelación de la pensión alimenticia a cargo de mi mandante.

FUNDAMENTOS DE DERECHO

PRIMERO.- JURISDICCIÓN Y COMPETENCIA

Conforme lo dispuesto en los artículos 21.1 de la LOPJ y 36 de la LEC, los tribunales españoles del orden civil son los competentes para conocer de la acción que se ejercita.

De acuerdo con lo previsto en el artículo 86 de la LOPJ, el conocimiento de este litigio corresponde a los juzgados de primera instancia, en cuanto dicha norma no los atribuye a otros juzgados o tribunales.

Por último, es competente el juzgado de primera instancia al que me dirijo, de conformidad con lo establecido en el artículo 775.1 de la LEC, por ser el órgano judicial que acordó las medidas definitivas. (4)

SEGUNDO.- CAPACIDAD Y LEGITIMACIÓN

Mi representado/a ostenta la capacidad necesaria para ser parte en el presente proceso, de conformidad con lo dispuesto en los artículos 6 7 y 7 bis de la LEC está legitimado para la presentación de esta solicitud, en aplicación de lo establecido en el artículo 10 de la LEC y, específicamente, en el artículo 775.1 de la LEC.

Artículo 7 bis de la LEC:

«1. En los procesos en los que participen personas con discapacidad y personas mayores que lo soliciten o, en todo caso, personas con una edad de ochenta años o más, se realizarán las adaptaciones y los ajustes que sean necesarios para garantizar su participación en condiciones de igualdad.

A estos efectos, se considerarán personas mayores las personas con una edad de sesenta y cinco años o más.

En el caso de las personas con discapacidad, dichas adaptaciones y ajustes se realizarán, tanto a petición de cualquiera de las partes o del Ministerio Fiscal, como de oficio por el propio tribunal.

En el caso de las personas mayores que no alcancen la edad de ochenta años, dichas adaptaciones y ajustes se realizarán a petición de la persona interesada.

En el caso de las personas con una edad de ochenta años o más dichas adaptaciones y ajustes se realizarán, tanto a petición de la persona interesada como de oficio por el propio tribunal.

Las adaptaciones se realizarán en todas las fases y actuaciones procesales en las que resulte necesario, incluyendo los actos de comunicación, y podrán venir referidas a la comunicación, la comprensión y la interacción con el entorno.

2. Las personas con discapacidad, así como las personas mayores, tienen el derecho a entender y ser entendidas en cualquier actuación que deba llevarse a cabo. A tal fin:

a) Todas las comunicaciones, orales o escritas, dirigidas a personas con discapacidad, con una edad de ochenta o más años, y a personas mayores que lo hubieran solicitado se harán en un lenguaje claro, sencillo y accesible, de un modo que tenga en cuenta sus características personales y sus necesidades, haciendo uso de medios como la lectura fácil. Si fuera necesario, la comunicación también se hará a la persona que preste apoyo a la persona con discapacidad para el ejercicio de su capacidad jurídica.

b) Se facilitará a la persona con discapacidad la asistencia o apoyos necesarios para que pueda hacerse entender, lo que incluirá la interpretación en las lenguas de signos reconocidas legalmente y los medios de apoyo a la comunicación oral de personas sordas, con discapacidad auditiva y sordociegas.

c) Se permitirá la participación de un profesional experto que a modo de facilitador realice tareas de adaptación y ajuste necesarias para que la persona con discapacidad pueda entender y ser entendida.

d) La persona con discapacidad y las personas mayores podrán estar acompañadas de una persona de su elección desde el primer contacto con las autoridades y funcionarios.

3. Todos los procedimientos, tanto en fase declarativa como de ejecución, en los que alguna de las partes interesadas sea una persona con una edad de ochenta años o más, conforme a lo dispuesto en este artículo, serán de tramitación preferente».

Por otra parte, en virtud de lo establecido en el artículo 749 de la LEC, deberá intervenir el Ministerio Fiscal debido a la existencia de un menor en el procedimiento (3).

TERCERO.- POSTULACIÓN

Esta parte actúa representada por procurador/a y asistida de abogado, de conformidad con lo establecido en el artículo 750 de la LEC.

CUARTO.- PROCEDIMIENTO

Esta demanda se sustanciará por los trámites del juicio verbal según el artículo 770 de la LEC por remisión del artículo 775.2 de la LEC.

QUINTO.- MASC

Según lo establecido en el art. 5 de la LO 1/2025, de 2 de enero, las partes han acudido a [DESCRIPCIÓN PROCESO MASC] en los términos siguientes [ESPECIFICAR] (5)

A estos efectos adjuntamos los siguientes documentos: (6)

* Documento n.º [NÚMERO].
* Documento n.º [NÚMERO].

SEXTO.- FONDO DEL ASUNTO

El artículo 90.3 del CC establece:

«Las medidas que el juez adopte en defecto de acuerdo o las convenidas por los cónyuges judicialmente, podrán ser modificadas judicialmente o por nuevo convenio aprobado por el juez, cuando así lo aconsejen las nuevas necesidades de los hijos o el cambio de las circunstancias de los cónyuges.

Asimismo, podrá modificarse el convenio o solicitarse modificación de las medidas sobre los animales de compañía si se hubieran alterado gravemente sus circunstancias.

Las medidas que hubieran sido convenidas ante el letrado de la Administración de Justicia o en escritura pública podrán ser modificadas por un nuevo acuerdo, sujeto a los mismos requisitos exigidos en este Código».

Por su parte, el artículo 775 de la LEC dispone:

«1. El Ministerio Fiscal, habiendo hijos menores o hijos con discapacidad con medidas de apoyo atribuidas a sus progenitores y, en todo caso, los cónyuges, podrán solicitar del Tribunal que acordó las medidas definitivas, la modificación de las medidas convenidas por los cónyuges o de las adoptadas en defecto de acuerdo, siempre que hayan variado sustancialmente las circunstancias tenidas en cuenta al aprobarlas o acordarlas.

2. Estas peticiones se tramitarán conforme a lo dispuesto en el artículo 770. No obstante, si la petición se hiciera por ambos cónyuges de común acuerdo o por uno con el consentimiento del otro y acompañando propuesta de convenio regulador, regirá el procedimiento establecido en el artículo 777.

3. Las partes podrán solicitar, en la demanda o en la contestación, la modificación provisional de las medidas definitivas concedidas en un pleito anterior. Esta petición se sustanciará con arreglo a lo previsto en el artículo 773».

En este sentido interesa traer a colación las siguientes resoluciones:

– Sentencia del Tribunal Supremo n.º 315/2022, de 20 de abril, ECLI:ES:TS:2022:1565.

> «La doctrina de la sala ha insistido en que para promover una modificación de medidas es necesario probar la existencia de un cambio, si bien es verdad que, precisando, desde la reforma del art. 90.3 CC por la Ley 15/2015, de 2 de julio, que basta con que sea «significativo», «cierto», sin que sea indispensable un cambio «sustancial» (entre otras, sentencias 705/2021, de 19 de octubre, 211/2019, de 5 de abril, 567/2017, de 19 de octubre; 242/2016, de 12 de abril)».

– Auto del Tribunal Supremo, rec. 5195/2021, de 11 de octubre de 2023, ECLI:ES:TS:2023:13574A, que con cita a la **sentencia del Tribunal Supremo n.º 529/2017, de 27 de septiembre, ECLI:ES:TS:2017:3378**, señala:

> «(...) Ante todo cabe decir que el art. 90.3 CC establece que:
> "3. Las medidas que el Juez adopte en defecto de acuerdo o las convenidas por los cónyuges judicialmente podrán ser modificadas por los cónyuges judicialmente o por nuevo convenio aprobado por el Juez, cuando así lo aconsejen las nuevas necesidades de los hijos o el cambio de las circunstancias de los cónyuges.".
> La transcrita redacción viene a recoger la postura jurisprudencial que daba preeminencia al interés del menor en el análisis de las cuestiones relativas a la protección, guarda y custodia, considerando que las nuevas necesidades de los hijos no tendrán que sustentarse en un cambio "sustancial", pero si cierto. (STS 346/2016, de 24 de mayo)».

SÉPTIMO.- COSTAS

Se impondrán las costas a la parte demandada en caso de que se oponga a lo aquí solicitado de conformidad con lo establecido en el artículo 394 de la LEC.

Por todo lo expuesto,

SUPLICO AL JUZGADO/A LA SECCIÓN:

Que, teniendo por presentado este escrito junto con los documentos que lo acompañan y sus copias, me tenga por comparecido y parte en la representación que ostento, entendiéndose conmigo las sucesivas actuaciones, tenga por formulada solicitud de modificación de medidas frente a don/doña [NOMBRE_PARTE_CONTRARIA] y don/doña [NOMBRE_PARTE_CONTRARIA], y, tras los trámites oportunos, dicte resolución modificando las medidas definitivas establecidas en la sentencia [DESCRIPCIÓN] acordando lo siguiente:

– La patria potestad y guarda y custodia de los menores [NOMBRE] y [NOMBRE] a cargo de mi mandante, con el siguiente régimen de visitas a cargo de don/doña [NOMBRE_PARTE_CONTRARIA] y don/doña [NOMBRE_PARTE_CONTRARIA]: [DESCRIPCIÓN].

– La cancelación de la pensión alimenticia a cargo de mi mandante.

– La condena a la parte demandada a estar y pasar por las anteriores declaraciones con los apercibimientos para el caso de que no se acate la resolución judicial.

Es justicia que pido en [CIUDAD], a [DÍA] de [MES] de [AÑO].

Letrado/a: Don/Doña [NOMBRE_ABOGADO_CLIENTE]

Procurador/a: Don/Doña [NOMBRE_PROCURADOR_CLIENTE]

OTROSÍ DIGO: es intención de esta parte cumplir con todos los requisitos legales por lo que, a tenor de lo previsto en el artículo 231 de la LEC, se solicita el traslado de cualquier defecto de que adolezca la presente solicitud, para su inmediata subsanación.

En consecuencia,

SUPLICO AL JUZGADO/A LA SECCIÓN:

Que se tenga por efectuada la anterior manifestación a los efectos oportunos.

Es justicia que pido en fecha y lugar *ut supra*.

Letrado/a: Don/Doña [NOMBRE_ABOGADO_CLIENTE]

Procurador/a: Don/Doña [NOMBRE_PROCURADOR_CLIENTE]

---

(1) O copia del libro de familia.

(2) Especificar, en su caso, cualesquiera otras medidas oportunas que se hubiesen acordado.

(3) El RD-ley 6/2023, de 19 de diciembre, modifica el artículo 7 bis de la LEC con entrada en vigor el 20/03/2024. El extracto mostrado en este formulario se corresponde con la versión vigente desde esa fecha.

(4) Por la reforma realizada por la LO 1/2025, de 2 de enero, una vez implantados de forma efectiva los tribunales de instancia (D.T. 1.ª), todas las referencias realizadas a los juzgados unipersonales se entenderán realizadas a las secciones del orden jurisdiccional correspondiente de los tribunales de instancia. En este caso, el art. 86 de la LOPJ atribuye esta materia a la Sección de Familia, Infancia y Capacidad.

(5) De acuerdo con el segundo párrafo del art. 399.3 de la LEC se hará constar en la demanda la descripción del proceso de negociación previo llevado a cabo o la imposibilidad del mismo, conforme a lo establecido en el ordinal 4.o del artículo 264, y se manifestarán, en su caso, los documentos que justifiquen que se ha acudido a un medio adecuado de solución de controversias, salvo en los supuestos exceptuados en la Ley de este requisito de procedibilidad.

(6) Documentos que acrediten haberse intentado la actividad negociadora previa a la vía judicial cuando la ley exija dicho intento como requisito de procedibilidad, o declaración responsable de la parte de la imposibilidad de llevar a cabo la actividad negociadora previa a la vía judicial por desconocer el domicilio de la parte demandada o el medio por el que puede ser requerido.